U0924847

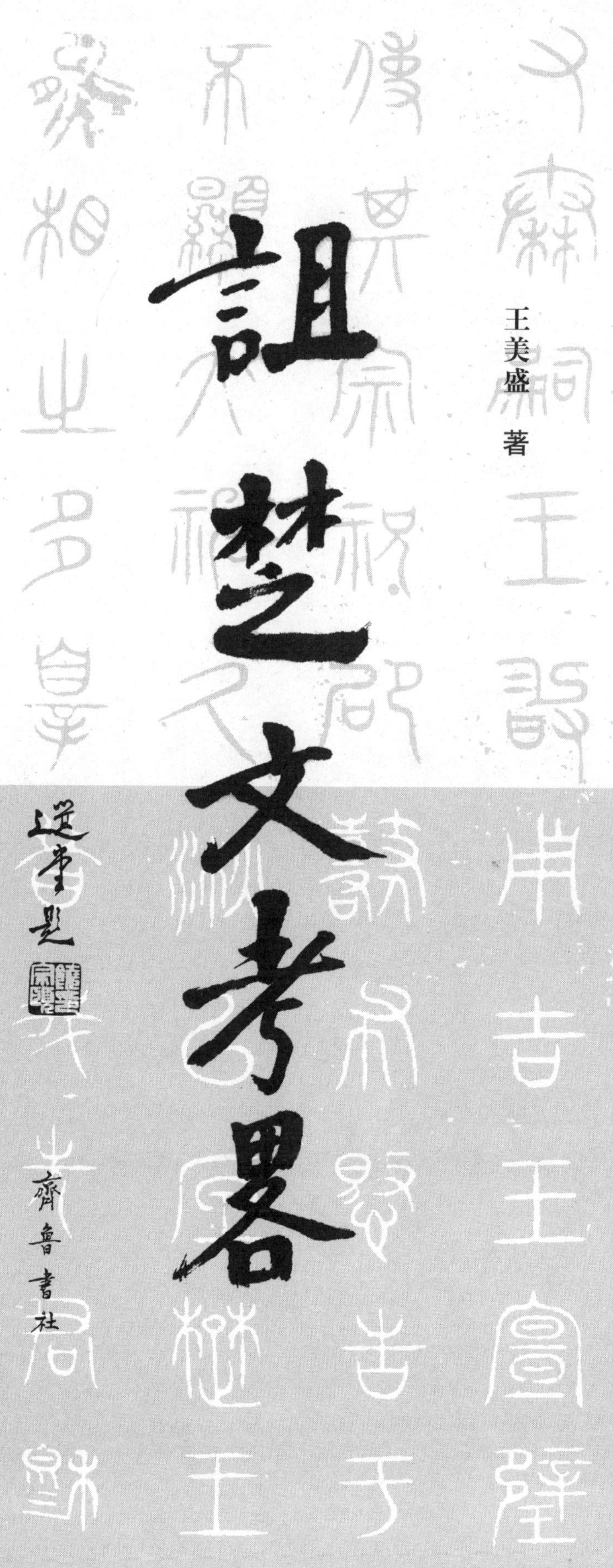

詛楚文考略

王美盛 著

齊魯書社

序

做學問不是一件容易的事情。學問是巍峨的高原，沿壁攀登是需要巨大的勇氣的。學問做出成就來，那就更屬不易了。學術成果猶如高原上遺世獨立的雪蓮，没有洞察冰川雪綫的識力是采擷不到的。

山東王美盛先生數十年致力於書法與古文字研究，在學術的高原上，采得了一束束雪蓮。繼《石鼓文解讀》、《籀篆字源研究》等學術著作之後，又推出了新著《詛楚文考略》。

在後記中，王美盛先生把《詛楚文考略》與《石鼓文解讀》并稱爲『姊妹篇』，這是恰當且形象的。石鼓文十塊石刻和詛楚文三塊石刻，是中國先秦時期兩組著名的石刻，是絶無僅有的活化石，二者現存故宫博物院珍寶館，是國家寶藏的重器。石鼓發現於唐代，由於年代久遠，加之鼓文剥泐嚴重，人們一直不能透徹理解鼓文的全部内容。王美盛先生通過對石鼓文書法的分析和鼓文詩句的爬梳詮釋，找到了鼓文所包含的指示年代的詩句及與其相合的歷史人物的名諱，并以此爲突破口，結合歷史事實的考訂，提出了石鼓文爲春秋末期東周景王二十年（公元前五二五年）刻石的全新結論。詛楚文發現於北宋，由於史無記載，無稽可查，其製作年代訴訟紛紜，迄無定論。王美盛先生在考察籀篆字形沿革的過程中，發現詛楚文中有秦代文字的特定印迹，進而考訂史實，確定詛楚文作於秦二世二年（公元前二〇八年）八月。先秦兩組石刻年代的確定，在中國先秦史上樹立了兩處具有界標意義的標識，其學術影響將是深遠的。

著名學者李學勤先生曾稱贊王美盛先生『精研書法，探源文字，多有創見，有裨學人』，這一評價是非常簡明而準確的。

王美盛先生爲著名的國家級書法家。新著中，其手臨詛楚文一節，運筆嫻熟，天然盈楮，筆入籀篆骨髓，墨耀金石光澤，非有字學之修養和書法之歷練而不能發也。王美盛先生對上古籀篆文字沿革有精到而深刻的把握，這一點是很多篆書家難以企及的。比如『五』字，在籀篆書法中，寫作『X』，或在其上下各加一横。王美盛先生考出這是尺杆中間部位的刻符。草篆和隸書的『五』字，右斜畫或變直爲曲，那是周代新興商業體『五』字的融入。明晰了『五』字的源流及其字形的沿革規律，王美盛先生在進行書法創作時，自然是『字理手中握，筆下生波瀾』了。縱觀書史，涉獵籀篆書法的書家爲數不少，其中不乏筆墨功夫精湛的人，但卓然而立的大家不多。究其原因，古文字學底藴不深厚當是重要原因。

王美盛先生探源文字，創獲頗豐。其《籀篆字源研究》一書，蹊徑獨辟，在漢代許慎『據形繫聯』的方法之外，創造性地建立了『緣物聚合』的古文字系列，爲當代古文字學界所關注。毫無疑問，此書確立了王美盛先生作爲古文字學家的歷史地位。王美盛先生在研究籀篆字源的同時，還特别注重從書法的角度分析籀篆字形的沿革，并把它看做一條重要的考古通道，視爲解讀特定歷史的一把新鑰匙。從某種意義上説，《詛楚文考略》正是其創新思維帶來的重大成果。書中多處文字例證，如詛楚文中的『也』字，與李斯書寫的秦二世詔書刻石中的『也』字，字形完全相同，其前大篆中的『也』字不這樣寫，其後漢人的《説文解字》也不這樣寫等。横向對照，縱向比較，發現異同，得出結論，具有强烈的邏輯説服力。尤其關鍵的是，由文字洞察導出的判斷和文中史實的記載恰好吻合，結論得到可靠的驗證。

從邏輯上講，如果推理的大前提錯誤，那麽所獲結論肯定不會正確。縱觀歷代針對詛楚文的争辯，都是在詛楚文爲詛（前）懷王這一錯誤年代判斷的大前提大背景下展開的。自北宋以來，詛楚文年代判斷的失誤製造了一個大的學術誤區，導致學界對詛楚文中人物、事件、地點等多方面認識錯位，使得歷代學者對詛楚文真僞等問題紛争不已。年代誤斷是引起詛楚文長期争辯的根源所在。王美盛先生考訂的詛楚文年代，使既往争辯中的系列問題，皆可迎刃而解。譬如《詛楚文問答》一節曾論及，詛楚文中有『張矜意怒』句，其中『張矜』二字透出了重大的時代背景。『張』有張揚上舉的意思，『矜』即『矝』字，指矛或戈戟的把柄。『張矜』即高舉矛或戈戟的把柄。楚國向秦國進攻，爲何士兵不攜帶長矛戈戟，而衹高舉武器的把柄呢？《漢書・徐樂傳》：『然起窮巷，奮棘矜。』顔師古注：『矜者，戟之把也。時秦銷兵器，故但有戟之把耳。』顔師古注一語道破天機。秦始皇統一六國後，爲了防止民衆反抗，采取了許多措施，其中重要的一條，就是銷毁民間的兵器。賈誼《過秦論》：『收天下之兵聚之咸陽，銷鋒鑄鐻，以爲金人十二，以弱黔首之民。』正因爲如此，秦末陳勝、吴廣大澤鄉起義後，不得不『斬木爲兵』，楚國義軍也衹能『奮棘矜』。『張矜』二字無意間向人們透出了『秦末』這一特殊的時代背景。郭沫若先生説：『銷兵器云云實是臆説，張矜於時故尚未銷兵器也。』顯然，郭沫若先生是被詛楚文製作於前懷王時期這一錯誤年代所拘囿。此外，《詛楚文考略》中對字體、書體、大小篆等與詛楚文有密切關係的概念也做出了全新的詮釋，識力深刻，見解獨到，對於書法學、古文字學的深入研究，無疑也是大有裨益的。

岳慶平於北京大學藍旗營五號樓住宅

二〇一一年十一月六日

目録

一　詛楚文年代

詛楚文有三塊石刻：《告巫咸文》石刻、《告厥湫文》石刻和《告亞駝文》石刻。

《告巫咸文》石刻，宋代嘉祐年間發現於鳳翔開元寺土下，文三百二十六字。嘉祐六年（公元一〇六一年），蘇軾得之，移到知府的便廳，并熱情賦詩爲之説明。接着，歐陽修進行了文字考釋，許多著名的文人學士也紛紛爲之題咏、著録和考證。後來，宋徽宗把此石取歸御府。

《告厥湫文》石刻，宋治平年間（公元一〇六四年至公元一〇六七年），一農民在朝那湫淵旁耕田掘得，文三百一十八字。熙寧元年（公元一〇六八年），蔡挺到平凉出任渭州知州，接收并移到官署。後蔡挺因病調任南京应天府（即宋城，今河南省商丘市南），把這塊石刻也帶到了南京应天府，藏之屋壁。紹興八年（公元一一三八年），宋州知州李伯祥移置官廨。

《告亞駝文》石刻，文三百二十五字。據元代周伯琦《詛楚文音釋》説：『出於洛，亦蔡氏得之，後藏洛陽劉忱家。』（『蔡氏』即蔡挺）宋代董逌《廣川書跋》引王存又説：『亞駝即是滹沱。』

詛楚文三塊石刻皆發現於宋代，除所告之神（巫咸、厥湫、亞駝）名稱不同外，三石刻辭大致相同，書法基本一致。原石早已不存，惟有拓片翻刻本傳世。

關於詛楚文製作的年代，説法不一，迄無定論。宋朝歐陽修《集古録》根據詛楚文提到的楚王熊相，又根據《史記》記載戰國後期秦、楚兩國相争的情況，疑詛楚文作於秦昭襄王時代，所詛之楚王爲頃襄王。後來，他作《真迹跋尾》，又傾向於詛楚文作於秦惠文王時代，所詛之楚王爲懷王。宋代王柏《詛楚文考釋》則力攻歐陽修『楚懷王説』，指出所詛之楚王爲頃襄王無疑。當代郭沫若先生認爲當以『楚懷王説』爲是，并斷定『詛文之作實在懷王十七年　惠文王後元十三年的下半年』〔一〕，即公元前三一二年的下半年。

詛楚文究竟作於何時？這是詛楚文研究的首要問題和核心内容，也是我國古代文化史上的重大謎案之一。爲了揭開謎底走出疑惑，我們可以從兩方面入手：第一，依據詛楚文書法的時代特徵予以文字斷代；第二，深入解讀詛楚文原文所記述的歷史事實。

（一）文字斷代。文字遺存有其特定時代的痕迹，特别是每次國家主持的大規模文字規範整理前後，痕迹變化尤爲明顯。發現并分析這些痕迹差異，是鑒定文物年代的重要依據，是解讀特定歷史的一把新鑰匙，是考古的一條重要通道。文字痕迹變化特徵具有重要的斷代意義。這裏所説的文字指字體而不是書體。一定時期官方規範化的法定應用文字爲字體，其他則爲書體。漢字大致有三種字體：一是篆書，形成應用於先秦時期，是先秦時期官方的文字（典範作品爲西周《虢季子白盤銘文》、東周《石鼓文》等）。二是隸書，係由先秦古隸發展而來，經漢代官方整理後形成的法定應用文字。三是楷書，萌芽於漢，發展於魏晉南北朝，成熟於唐代的一種法定應用文字。行書没有規範，也没有法定應用，爲手寫書體。草書則是高度藝術化的非應用書體。漢字三種字體内又有多種手寫書體。字體是文字的内容依據，書體是文字的外在表現形式，内容是一定的，形式是多樣的。

秦始皇統一中國後，爲了鞏固其統治，采取了一系列措施，其中重要的一條就是統一文字。其實，所謂統一文字，就是把原六國使用的異體文字統一到秦國一直承襲使用的篆書籀文上來。

秦始皇立國後，篆書籀文仍然爲法定的國家官方文字。許慎《説文解字·叙》説得很明白：『秦始皇帝初兼天下，丞相李斯乃奏同之，罷其不與秦文合者。斯作《倉頡篇》，中車府令趙高作《爰歷篇》，太史令胡毋敬作《博學篇》，皆取史籀大篆。』〔二〕這『皆取史籀大篆』，就是説都沿襲取用大篆籀文。事實上，直到漢初，籀文大篆仍然爲學童課試教材。張家山漢簡四百七十五至四百七十六號簡《二年律令》：『〔試〕史學童以十五篇，能風書五千字以上，乃得爲史。』十五篇即指史籀大篆十五篇。

不過，秦國在統一六國文字的過程中，在揚棄六國異體字的同時，對部分大篆籀文進行了規範整理，即

《説文解字・叙》中所説的『或頗省改，所謂小篆者也』。篆書是一種字體，在發展過程中經歷過多次整理改造，黄帝史官沮誦改造的文字，史稱『雲書』。〔三〕周代大行人訂正的文字，世稱『籀文』。秦朝李斯省改的文字，謂之『小篆』。雲書、籀文、小篆，是篆書不同發展時期的特定稱呼。秦朝李斯的文字整理活動是篆書字體内的最後一次文字改革。

秦國統一後的文字改革是針對大篆籀文的字形改造，是官方對於通用文字的改革，而不是書體的改革。書體是一定時期自然形成的書寫風貌，是無法以一人或數人之力立即改造的。現代書法中所謂的『小篆』，垂脚放尾，結體長方，大約是隨着漢初古文經學的發展逐步形成風格的，而不是秦篆的寫法，存世李斯諸刻石、秦詔版等秦篆都不是現代書法中所説的小篆的樣子，而是大篆的面貌。現代書法中所謂的『小篆』指書體形式，漢代所謂的『小篆』指字體内容，二者已不是同一概念。

秦國官方法定文字爲籀文大篆，統一全國後又規範整理了其中一些難寫易混（異體）、使用不便的文字。這些省改後的文字，或局部（點畫、偏旁），或整體，與大篆籀文寫法有異，數量不是很多。

規範整理後的字，與其前的籀文發生了變化，字形出現了差異。規範整理後的字在李斯《嶧山》等諸刻石中多有使用，在詛楚文刻石中亦有出現，具有顯明的時代烙印。這些烙印具有歷史分野的性質和斷代的意義，爲我們確定詛楚文年代提供了有力依據。詛楚文中出現了大篆籀文整理後的秦朝『小篆』文字字形，這向我們發出了强烈的時代信息：詛楚文或是秦始皇統一中國規範整理文字後的作品，而不是之前。

作爲『正篆』的詛楚文，『毋相爲不利』中的『毋』字，是規範整理後的小篆寫法。大篆中，不論是甲骨文還是金文以及石鼓文，『母』、『毋』是一個字形，均規範爲『母』（甲骨文中偶有『母』字兩點接近連爲一横，係『母』字草寫，不足爲訓，那時『毋』字還未産生）。直至戰國末年，秦始皇『書同文』之前製作使用的《新郪虎符》中『燔燧事，雖母（毋）會符，行殹』仍然如此。據王國維考證，《新郪虎符》當爲秦并天下前二三十年間物。〔四〕到了秦整理文字時，纔將『母』字的兩點連爲一横，新造出『毋』字，以别於

『母』，從此『毋』與『母』絶然分爲字形字義俱不相同的兩個字（見文末《字形對照表》）。高鴻漸《中國文例》批評説秦人妄造『毋』字以爲區别。平心而論，不能説是『妄造』，那是文字改革的大勢需要，後人還是接受了。詛楚文中『靈德』中的『靈』字，上部雨字頭中豎與首橫相接，此爲小篆規範後的寫法，規範大篆籀文中不連接。『靈』字下部作『王（玉）』，也是小篆統一後的寫法，此前金文《庚壺》中的『靈』字，下部作『示』，《秦公鐘》中的『靈』字，下部作『心』等（見文末《字形對照表》）。『兩邦若壹』中的『兩』字，籀文大篆書寫時中豎不與橫畫接（草率的秦簡書亦如此），規範整理後纔連通（見文末《字形對照表》）。『賜、瀍』字中的『勿』，中間斜畫都與弧畫接，這是小篆規範後的寫法，大篆不如此（大篆『賜、瀍』字中無『勿』符。見文末《字形對照表》）。『熊相』中的『熊』字，由『能』和火字底組成，這是小篆新出的字，商周甲金文中爲象形字（見文末《字形對照表》）。『十八世』中的『十』字，甲骨文爲一豎畫，字符專一。金文在豎畫中部加點或小短橫。規範金文中的『十』字字符，橫畫没有寫長的，《新郪虎符》中的『十』字，依然爲拘謹的小短橫。小短橫不能長，長則與金文『甲、七』等字字形衝突混同了。秦統一六國後厘定文字時，爲了將『甲、七、十』等近似字字形區分開來，對『甲、七』進行了字形改造，使『十』字成爲惟一的橫豎相交的字形（見文末《字形對照表》）。從此，書寫『十』字時，就不必顧忌橫畫的長短了。詛楚文中的橫畫，有的比豎畫還長，可謂徹底放開了。此外，秦人語助詞迄以『殹』爲『也』，秦朝統一文字後始『殹』、『也』并用。詛楚文『將之以自救也』句中的『也』字，《告厥湫文》作『也』，《告巫咸文》和《告亞駝文》則作『殹』，正是『二者并用』。詛楚文中的『也』字，與李斯書秦二世詔書刻石中的『也』字完全相同。其前大篆中的『也』字不這樣寫，其後漢代人的《説文解字》也不這樣寫（見文末《字形對照表》）。這種寫法『完全相同的字符』不恰恰説明詛楚文是秦二世時期的作品嗎？詛楚文中的『婚』字，也是秦代特有的寫法，大篆中不這樣寫，漢代人的《説文解字》（女字旁統一移到字的左邊，沿用至今）也不這樣寫（見文末《字形對照表》）。詛楚文是秦代規範文字之後的作品，基本可以確定。但詛楚文也不是秦國滅亡後的作品，因爲秦亡國後，就不會出現『秦詛楚』及其戰爭了。那麽，詛楚文究竟是秦代何時的作品？具體時間考證見下文。

（二）原文史實。詛楚文（厥湫）開篇寫道：『又秦嗣王，敢用吉玉宣璧，使其宗祝邵鼛，布憿告于不顯大神厥湫，以底楚王熊相之多辠。』這裏明確指出所詛對象爲楚王熊相。『楚王熊相』作何理解？詛楚文研究者普遍認爲是指一個名叫熊相的楚王。問題是遍查史書，楚王中没有一個叫熊相的。這是一個致命的問題。於是歐陽修便想當然地認爲：『理不宜繆，但《史記》或失之耳，疑「相」傳寫爲「横」也。』懷疑可以，但不可爲據。迄今爲止，詛楚文研究對此一直没有找到令人滿意的答案。問題的癥結出在哪裏？『楚王熊相』會不會是兩個人，楚王指後楚懷王（熊心）、熊相指項梁？

項梁祖出羋姓熊氏。熊氏先祖之入楚國，源遠流長，支裔衆多，姓氏派出。據宋人鄧名世《古今姓氏書辯證》記載，楚君熊繹娶女，生伯比，别爲鬥氏。從春秋末期到戰國時期，鬥氏一族又分衍出了項氏、權氏、隨氏、江氏、豆氏等單姓，以及鬥斵（zhuó）耆氏、鬥斵乳氏、鬥斵谷氏、鬥斵强氏、鬥斵緡氏、鬥斵文氏、鬥斵班氏、鬥斵比氏等複姓，這些複姓分支在秦漢之後，又逐漸省文簡化爲單字鬥氏、豆氏等。此書特别指出，鬥氏家族分衍有一支十分著名的後裔分支，那就是項氏。項氏一族中的後代項梁、項羽、項伯等人，都是秦漢之際的風雲人物。項梁，下相（今江蘇省宿遷西南）人。詛楚文中的『熊相』可理解爲『熊氏後裔下相人（項梁）』，這是以祖氏加地望的方式稱呼人。當時，以地望稱人，習以爲常。譬如，劉邦爲沛縣人，人稱『沛公』。項家世代爲楚國的將領，公元前二二四年，秦軍大舉攻楚，項梁的父親項燕率兵鏖戰一年，兵敗被殺。公元前二二三年，楚國滅亡。秦二世元年（公元前二〇九年）七月，陳勝、吴廣起義，六國貴族勢力乘機反秦，天下大亂。項梁與其侄項羽秘密聯絡人馬，組織起幾千人的隊伍。其後，楚地蜂擁而起的義軍紛紛歸附，項梁擁兵六七萬人。公元前二〇八年，項梁率軍北上攻入齊地，占領了薛城（今山東省滕州南）。項梁在確知陳王已死後，在薛城召集各地起義將領議事，劉邦應召前往。當時楚國仍懷念被欺騙死於秦國的楚懷王熊槐，民衆具有強烈的復國意識。項梁聽從范增之言，順應民心，從民間找到楚懷王熊槐之孫熊心，擁立爲王。熊心即位襲用熊槐的謚號，仍稱楚懷王。這樣稱呼既凝聚了楚國的民心，又對秦國形成了極大的心理壓力。

詛楚文中的『楚王熊相』，楚王指楚懷王之孫熊心，楚王是稱職位；熊相指熊氏後裔下相人項梁，熊相是祖氏加地望的稱呼。這樣，姓名之『結』即可破解，詛楚文中的内容便可順利譯讀，下文所述事件也皆有着落，案由可查了。

『今楚王熊相，康回無道，淫此甚亂，宣奓競從。』這是把楚王熊心和項梁與歷史傳説中不講道理『觸斷天柱』的共公（康回）相提并論，意在指責楚王、項梁薛城聚集各路義軍首領議事，擾亂天下。『内之則虣（bào）虐不姑，刑戮孕婦，幽剌婖（qīn）戚，拘圉其叔父，寘者冥室櫝棺之中。』這是揭露項梁侄項羽在東部占控區内殘酷『屠城』之事實。『倍十八世之詛盟，率者侯之兵以臨加我。』這是説懷王熊心違背了其祖懷王熊槐上溯十八世楚成王與秦穆公達成的『枼萬子孫，毋相爲不利』的詛盟（楚懷王與秦惠文王同時，依《史記·秦本紀》排次，穆公、康公、共公、桓公、景公、哀公、惠公、悼公、厲共公、躁公、懷公、靈公、簡公、惠公、出子、獻公、孝公、惠文王爲十八世。熊心襲用熊槐的謚號『楚懷王』，故從其爺爺熊槐算起），率領諸侯國軍隊進犯秦國。『又悉興其衆，張矜意怒，飾甲底兵，奮士盛師，以偪俉邊競，將欲復其凶遂。』這是寫項梁於東阿大破章邯秦軍後，乘勝揮師西進，直抵定陶（其時項羽、劉邦攻定陶未下，西進雍丘，大破秦軍，斬三川郡守李斯子李由）。在此嚴峻形勢下，秦國不得不以全部兵力增援章邯，於是『秦邦之贏衆敝賦，鞹輸棧輿，禮倳介老，將之以自救也』，并告祈巫咸、厥湫、亞駝諸神『克劑楚師』。定陶大戰最終因項梁輕敵大敗身亡、章邯大破楚軍而終。

定陶大戰發生在秦二世二年（公元前二〇八年）八月，詛楚文製作時間自當其時。

最後，附論詛楚文的作者。詛楚文是一篇代表秦二世在大神面前祭告的莊重檄文，規格如此之高，一般書家是無資格接手的。秦國有兩位地位很高的書家，一是李斯，一是趙高。二人都爲秦國的識字教材寫過範本。

秦始皇東巡時的諸山刻石，皆出自丞相李斯之手。公元前二〇九年春，秦二世繼位。爲了『威服海内』，二世效法秦始皇『巡行郡縣』，先到碣石，然後南下會稽，再繞回遼東，從遼東返回咸陽，一路刻石仍由隨從丞相李斯書寫。七月，大澤鄉起義爆發，陳勝向東、西、北派出各路義軍，迅速占領了秦東土的大片土地。秦二世多次責備李斯：『居三公位，如何令盗如此！』後來，趙高誣陷李斯之子與義軍私通，李斯聽説後立即上書説趙高『有邪佚之志，危反之行』，并與右丞相馮去疾、將軍馮劫一起進諫秦二世，請減輕賦役，停修阿房宫。二世大怒説：『群盗并起，君不能禁，又欲罷先帝之所爲，是上毋以報先帝，次不爲朕盡忠力，何以在位！』於是將李斯、馮去疾、馮劫等三人下獄問罪。馮去疾、馮劫獄中自殺。《史記・李斯列傳》記載：『二世二年七月，具斯五刑，論腰斬咸陽市。』李斯被腰斬後，秦二世任命趙高爲丞相。

從上述情况來看，李斯既死，趙高升爲丞相，又擅長書法，按秦國國家刻石由丞相書寫的慣例，詛楚文上石書寫應該非趙高莫屬了。趙高曾書有識字課本《爰歷篇》，但世無流傳，詛楚文書法便成爲到目前爲止其僅有的存世書法作品。此外，詛楚文中還雜用了刻符篆書的文字，體現了刻符篆書的部分書法特點。許慎《説文解字・叙》：『自爾秦書有八體，一曰大篆，二曰小篆，三曰刻符，四曰蟲書，五曰摹印，六曰署書，七曰殳書，八曰隸書。』『秦書有八體』是説秦代文字有八種體式或者説是八種叫法，八體不是并列關係。其中大篆、小篆、隸書屬於字體一類，刻符、蟲書、摹印、署書、殳書則是根據用途或載體加以稱呼。八體之中，趙高精二篆，尤善刻符。〔五〕詛楚文中許多地方存有刻符篆書的影子。顯然，趙高把刻符的一些寫法帶進詛楚文中了。刻符篆書的一個重要書法特點是多數綫條筆端出鋒，這種現象在詛楚文中也不難看到。詛楚文書法飄盈，給人以輕佻姿媚之感，這也正與刻符篆書的風格相契合。

參考文獻

〔一〕《郭沫若全集·考古編》第九卷，科學出版社一九八二年版。

〔二〕（漢）許慎《説文解字》，中華書局一九六三年版。

〔三〕（宋）羅泌《路史》，北京圖書館出版社二〇〇三年版。

〔四〕王國維《觀堂集林》，河北教育出版社二〇〇三年版。

〔五〕（元）鄭杓、劉有定《衍極并注》，見《歷代書法論文選》，上海書畫出版社一九七九年版。

字形對照表

例字 / 古字形	毋	靈	兩	賜	瀂	熊	十	也	婚
秦統一六國前金文	《戜方鼎》	《秦公鐘》	《函皇父簋》	《庚壺》	《盂鼎》	《母辛卣》	《申鼎》	《子仲匜》	《毛公鼎》
秦代《詛楚文》									
漢代《説文解字》									

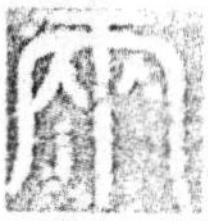

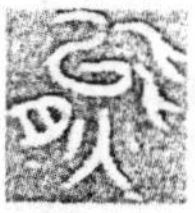

二　詛楚文詮釋

（一）告厥湫文

【原文】

又秦嗣王〔一〕，敢用吉玉宣璧〔二〕，使其宗祝邵鼛〔三〕，布憿告于不顯大神厥湫〔四〕，以底楚王熊相之多辠〔五〕。

昔我先君穆公及楚成王〔六〕，是繆力同心〔七〕，兩邦若壹，絆以婚姻〔八〕，袗以齋盟〔九〕，曰枼萬子孫〔一〇〕，毋相爲不利。親印大沈厥湫而質焉〔一一〕。今楚王熊相，康回無道〔一二〕，淫此甚亂〔一三〕，宣奓競從〔一四〕，變輸盟剌〔一五〕。內之則虣虐不姑〔一六〕，刑戮孕婦，幽剌㛦戚〔一七〕，拘圉其叔父〔一八〕，寘者冥室櫝棺之中〔一九〕。外之則冒改厥心〔二〇〕，不畏皇天上帝及大沈厥湫之光列威神〔二一〕，而兼倍十八世之詛盟〔二二〕，率者侯之兵以臨加我〔二三〕，欲剗伐我社稷〔二四〕，伐威我百姓，求蔑灋皇天上帝及大神厥湫之卹祠、圭玉、羲牲〔二五〕，述取俉邊城新隍及鄔、長、㛦〔二六〕，俉不敢曰可〔二七〕。今又悉興其衆〔二八〕，張矜意怒〔二九〕，飾甲底兵〔三〇〕，奮士盛師〔三一〕，以偪俉邊競〔三二〕，將欲復其兇遂〔三三〕。唯是，秦邦之羸衆敝賦〔三四〕，鞹輸棧輿〔三五〕，禮傻介老〔三六〕，將之以自救也。亦應受皇天上帝及大沈厥湫之幾靈德賜，克劑楚師〔三七〕，且復略我邊城〔三八〕。

敢數楚王熊相之倍盟犯詛〔三九〕，箸者石章〔四〇〕，以盟大神之威神〔四一〕。

【注釋】

〔一〕又，通『有』，助詞，無義，一字不成詞則加『有』字以配之。嗣王，《禮記・曲禮下》：『踐阼臨祭祀，内事曰「孝王某」，外事曰「嗣王某」。』此嗣王後没有出現胡亥的名字，這是因爲此次外事（祀）胡亥没有參加，而由宗祝邵馨代理。　〔二〕敢，表敬副詞，自言冒昧，無實義。《儀禮・士虞禮》鄭玄注云：『敢，冒昧之辭。』賈公彦疏云：『凡言「敢」者，皆是以卑觸尊，不自明之意。』吉玉，古以祭祀爲吉禮，故稱祭祀之玉爲吉玉。宣璧，《爾雅・釋器》：『璧大六寸謂之宣，肉（邊）倍好（孔）謂之璧。』　〔三〕使，派遣、支使。宗，指宗伯，總掌國家禮制的官員。祝，指詛祝。《周禮・春官宗伯》：『詛祝，掌盟詛類造攻説禬禜之祝號，作盟詛之載辭，以叙國之信用，以質邦國之劑信。』邵馨（gāo），人名。　〔四〕布，張讀也。憿（jì），假爲『檄』，古代官方用以聲討的文書。不顯，即丕顯，大明。厥，助詞。湫，即湫淵，水名。　〔五〕底，抵也。楚王，此指楚懷王熊心。熊相，指熊氏後裔下相人項梁。辠（zuì），同『罪』，《玉篇・辛部》：『辠，犯公法也，今作罪。』　〔六〕昔，從前。穆公，指秦穆公（？至公元前六二一年），名任好，在位三十九年，爲春秋五霸之一。楚成王（約公元前六八二年至公元前六二六年），芈姓，名頵（一作惲），熊氏。公元前六七二年，依靠隨國（今湖北省隨州市西北）支持，殺死其兄堵敖，奪得君位。即位後盡力結好中原諸侯，同時借周惠王之命，鎮壓夷越，大力開拓江南。晚年欲廢太子商臣以另立太子，被商臣派兵包圍於王宮，被迫上吊而死。　〔七〕是，表示肯定判斷。繆力，同『戮力』，勉力。　〔八〕絆，伴也。　〔九〕衸，同也。　〔一〇〕枼（yè），同『世』，世代。　〔一一〕親，親自。印，加印。大沈，古代祭水神時向水中投祭品爲沈。質，簽押做保證。　〔一二〕康回，古代神話中的人物，即共工。《淮南子》：『昔者共工與顓頊争爲帝，怒而觸不周之山。天柱折，地維絶。天傾西北……』此喻楚王和共工一樣不講道理，破壞擾亂天下。　〔一三〕淫，放縱惑亂。此，兹也，相當於『如此』、『這般』。　〔一四〕宣，同『喧』，聲音大而嘈雜。奓（chǐ），張開，大也。宣奓，言聲勢浩大。　〔一五〕變，更也。輸，毁壞。㪳，從束勺聲，同『約』。《集韻・覺韻》：『約，束也。或作㪳。』

〔一六〕内，指東地以楚爲首的六國集團内部。之，語助詞。虣（bào），《集韻・號韻》：『虣，或從戈，從卄。』虣，暴也。虐，殺。姑，通『辜』，不姑即無辜。此言項梁侄子項羽攻取襄城、城陽後『屠城』之事。《史記・項羽本紀》：『項梁前使項羽别攻襄城，襄城堅守不下。已拔，皆坑之……項梁使沛公及項羽别攻城陽，屠之。』　〔一七〕幽剌，囚禁。𡟰（qīn），《集韻・真韻》：『親，或作𡟰。』。𡟰戚，即親屬、親愛，此指婦女養育的未成年孩子。　〔一八〕拘，拘禁。圉，牢獄。叔父，指成年男子。　〔一九〕窴（tián），棄置填塞。者，通『諸』。冥室櫝棺，喻指埋於地下。　〔二〇〕外，與内相對，此指與東部六國集團相對立的西部秦邦。冒，輕率不顧其他。厥，其。　〔二一〕畏，害怕。　〔二二〕兼，同時。倍，反也，違背。詛盟，誓約。此言楚懷王熊心違背了其先祖楚懷王熊槐上溯十八世楚成王與秦穆公達成的盟誓。依《史記・秦本紀》排次，穆公、康公、共公、桓公、景公、哀公、惠公、悼公、厲共公、躁公、懷公、靈公、簡公、惠公、出子、獻公、孝公、惠文王爲十八世，楚懷王與秦惠文王同時。　〔二三〕加，侵凌。　〔二四〕剗（chǎn），同『鏟』，消滅。社稷，古代滅人之國必先變置其國的社稷（社稷是國家的標誌）。　〔二五〕求，尋求。蔑，拋棄、消滅。灋，廢除。卹（xù），同『恤』，給予供應。義牲，即犧牲，供祭祀用的純色全體牲畜。　〔二六〕述，循。邊城，邊關（函谷關）東地的城邑。新隍、鄗、長、𡟰，均爲地名，爲當時義軍攻取之地。鄗，春秋鄭邑，後入周，地在今河南省偃師市西南。秦統一中國後實行郡縣制，置偃師縣，屬三川郡。新隍、長、𡟰等地當距鄗邑不遠。　〔二七〕可，何。　〔二八〕悉，盡其所有。　〔二九〕張，顯揚。矜（qín），同『矜』，矛或戈戟的柄，也指兵器的杖。《漢書・徐樂傳》：『然起窮巷，奮棘矜。』顔師古注：『矜者，戟之把也。時秦銷兵器，故但有戟之把耳。』意，同『意（意）』，滿也。　〔三〇〕飾，通『飭』，整治。底，通『砥』，砥礪。　〔三一〕奮，振作。盛，興盛。　〔三二〕偪，通『逼』。競，通『境』，壤也，此指秦東部邊遠定陶一帶。　〔三三〕遂，願也。此字舊多釋『述』，不妥，文中有『求蔑灋皇天上帝』句，『求』字不如此。　〔三四〕羸（léi），疲憊衰弱。敝賦，古代依田賦出兵卒和戰車，故稱兵卒和戰車爲賦。敝，指不精良，謙辭。　〔三五〕鞹（kuò），指用皮革包裹。輸（shù），從革俞聲，刀鞘。棧輿，即棧車，以竹木散柴製成的車。　〔三六〕禮，祭神以致福。傁，同『叟』，老也。禮傁，指掌禮儀的老臣。介，通『甲』，披甲。介老，指年老的武將。　〔三七〕剸，翦也，絶也。　〔三八〕略，取。　〔三九〕數，責備，數説。　〔四〇〕箸，通『著』。者，通『諸』。章，成事成文曰章。　〔四一〕盟，通『明』。威神，威嚴的神靈。

【譯文】

秦嗣王胡亥，選用上好的吉祥璧玉，派遣負責盟詛的職官卲鼛張布檄文向厥湫大神訴告，讓楚懷王和項梁抵償其犯下的衆多罪責。

從前我的先君秦穆公和楚成王，確是同心協力，兩國親如一家，互相締結婚約，共同齋戒盟誓。誓約説：『世代子孫，永遠不做不利於對方的事情。』雙方在厥湫大水神您的面前封緘加印做了保證。（可是）現在的楚王熊心和項梁，與歷史上觸折天柱的共工一樣不講道理，如此放縱枉法，起兵作亂，天下嘩然，徒衆紛從，先祖締結的盟約變成一紙空文。他們在東部以楚國爲首的六國集團占控區内，凶暴對待無辜百姓，殘忍處死懷孕的婦女，囚禁關押幼年的孩子，拘捕成年男子統統活埋地下。對遠在西部的我秦邦則輕率改變心志，不惜冒犯皇天上帝及大水神厥湫神威的尊嚴，公然違背先祖十八輩的誓約，率領諸侯國的軍隊進行侵犯，想要除掉我的國家，消滅我的百姓，終盡我對皇天上帝和厥湫大神您的各種敬事禮法活動，一路奪取我函谷關東邊境城邑三川郡的新隍、鄔、長、婇等地，我無可奈何。眼下他們又興師動衆，高舉戈戟的把柄殺氣騰騰，整治鎧甲，磨礪武器，鼓動士氣，擴編軍隊，在邊關東境的定陶一帶逼我秦軍决戰，想要達到他們凶惡的目的。面對這種嚴峻的情勢，秦國留在國内疲憊衰弱的群衆和裝備低劣的軍隊，不得不以皮革包裹刀鞘，用散木製作戰車，由年老的文臣武士统領以救援。

料想秦國也一定能夠得到皇天上帝和大水厥湫神靈的恩賜，消滅背信棄義的楚國軍隊，重新奪取定陶等地城邑。

上述責數楚懷王熊心和項梁背棄盟約的滔天罪行，一一刻文著録石上，請威靈的厥湫大神明察。

（二）告巫咸文

【原文】

又秦嗣王，敢用吉玉宣璧，使其宗祝邵鼛，布憿告于不顯大神巫咸，以底楚王熊相之多辠。

昔我先君穆公及楚成王，是繆力同心，兩邦若壹，絆以婚姻，袗以齋盟，曰枼萬子孫，毋相爲不利。親印不顯大神巫咸而質焉。今楚王熊相，康回無道，淫此甚亂，宣奓競從，變輸盟約。內之則虣虐不辜，刑戮孕婦，幽約婖戚，拘圉其叔父，寘者冥室櫝棺之中。外之則冒改厥心，不畏皇天上帝及不顯大神巫咸之光列威神，而兼倍十八世之詛盟，率者侯之兵以臨加我，欲剗伐我社稷，伐威我百姓，求蔑瀍皇天上帝及不顯大神巫咸之卹祠、圭玉、羲牲，述取衙邊城新隍及淤、婖，衙不敢曰可。今有悉興其衆，張矜意怒，飾甲底兵，奮士師，以倍徦邊競，將欲復其兇遂。唯是，秦邦之羸衆敝賦，鞹輸棧輿，禮傻介老，將之以自救毆。亦應受皇天上帝及不顯大神巫咸幾靈德賜，克劑楚師，且復略我邊城。

敢數楚王熊相之倍盟犯詛，箸者石章，以盟大神之威神。

【注釋】、【譯文】略。參看《告厥湫文》。

（三）告亞駝文

【原文】

又秦嗣王，敢用吉玉宣璧，使其宗祝邵鼛，布�山告于不顯大神亞駝，以底楚王熊相之多辠。

昔我先君穆公及楚成王，是繆力同心，兩邦若壹，絆以婚姻，袗以齋盟，曰枼萬子孫，毋相爲不利。親印不顯大神亞駝而質焉。今楚王熊相，康回無道，淫此甚亂，宣奓競從，變輸盟約。內之則虣虐不辜，刑戮孕婦，幽約㛢戚，拘圉其叔父，寘者冥室櫝棺之中。外之則冒改厥心，不畏皇天上帝及不顯大神亞駝之光列威神，而兼倍十八世之詛盟，率者侯之兵以臨加我，欲剗伐我社稷，伐㓕我百姓，求蔑灋皇天上帝及不顯大神亞駝之卹祠、圭玉、羲牲，述取俉邊城新隍及淤、長、娍，俉不敢曰可。今又悉興其衆，張矜意怒，飾甲底兵，奮士盛師，以偪俉邊競，將欲復其兇遂。唯是，秦邦之嬴衆敝賦，鞹輸棧輿，禮倳介老，將之以自救殹。亦應受皇天上帝及不顯大神亞駝之幾靈德賜，克劑楚師，復略我邊城。

敢數楚王熊相之倍盟犯詛，箸者石章，以盟大神之威神。

【注釋】、【譯文】略。參看《告厥湫文》。

三 詛楚文刊本

宋金戰爭之後，詛楚文三塊石刻都不知下落。由於没有記載，三塊石刻的形狀也不得而知。宋拓本也不見於世。宋《絳帖》和《汝帖》所收巫咸、厥湫兩文，已是拼凑而成的重摹翻刻。『元至正吴刊本』是元代至正年間周伯琦收藏的一種較好的摹刻本。一九三四年，容庚把《絳帖》本和《汝帖》本收入《古石刻零拾》，并做了詳細考釋。一九四四年，吴公望將『元至正吴刊本』影印了二百本。一九四六年至一九五〇年，鄭振鐸又把『元至正吴刊本』編入《中國歷史參考圖譜》；一九四七年，郭沫若據以作《詛楚文考釋》。本節《詛楚文刻本》所録即『元至正吴刊本』影印本。

詛楚文

湫淵

又秦嗣王敢用吉玉宣璧

使其宗祝邵鼛布憝告于

不顯大神久湫以底楚王

熊相之多辠昔我先君穆

公及楚成王是繆力同心
兩邦若壹絆以婚姻袗以
齊盟曰枼萬子孫毋相爲
不利親卬大沈厥湫而質
焉今楚王熊相庸回無道
淫失甚亂宣奓競從變輸

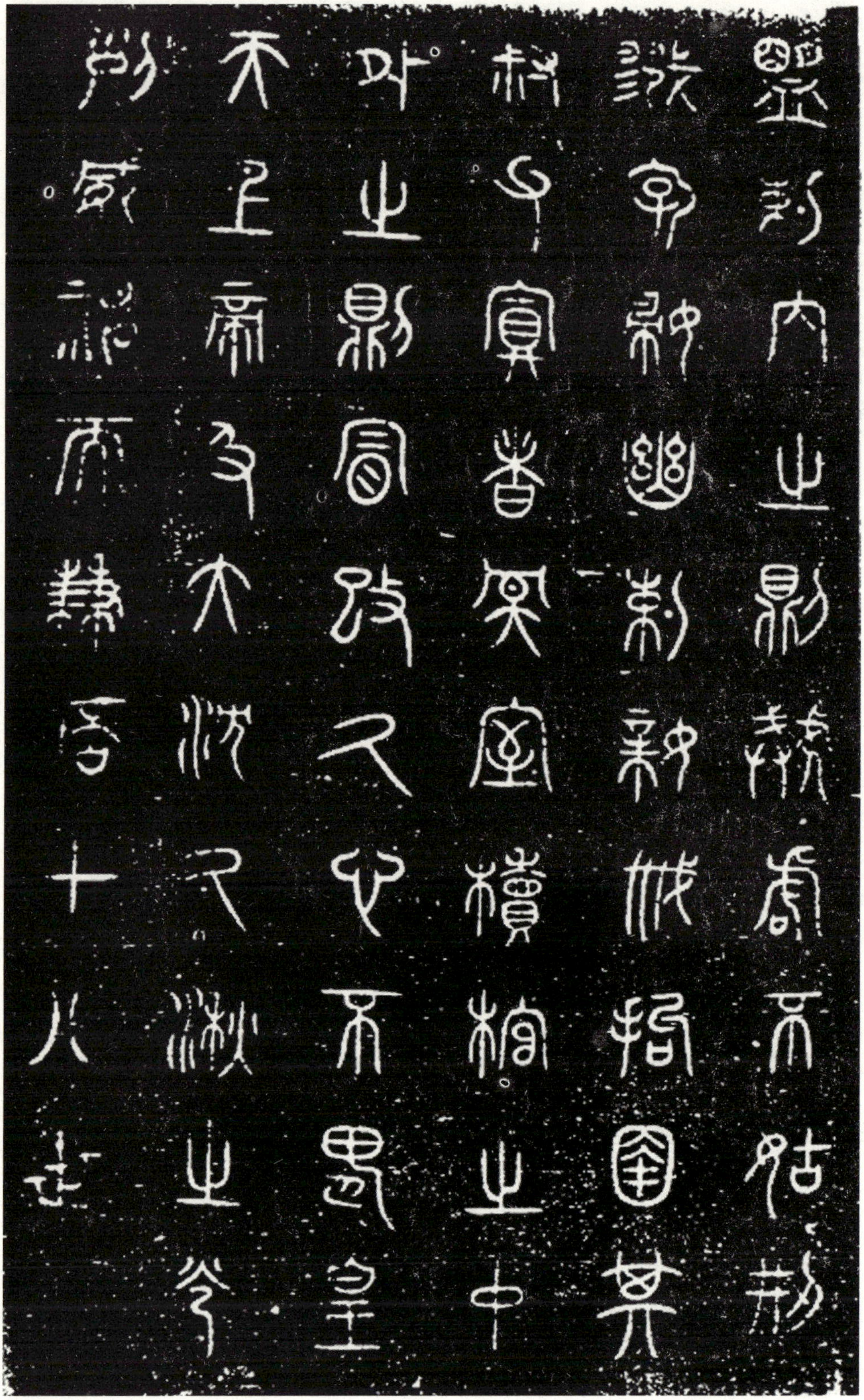

盟制內之則虣虐不辜刑
戮孕婦幽剌親戚拘圉其
叔父寘者冥室櫝棺之中
外之則冒改久心不畏皇
天上帝及大沈厥湫之光
烈威神而兼倍十八世

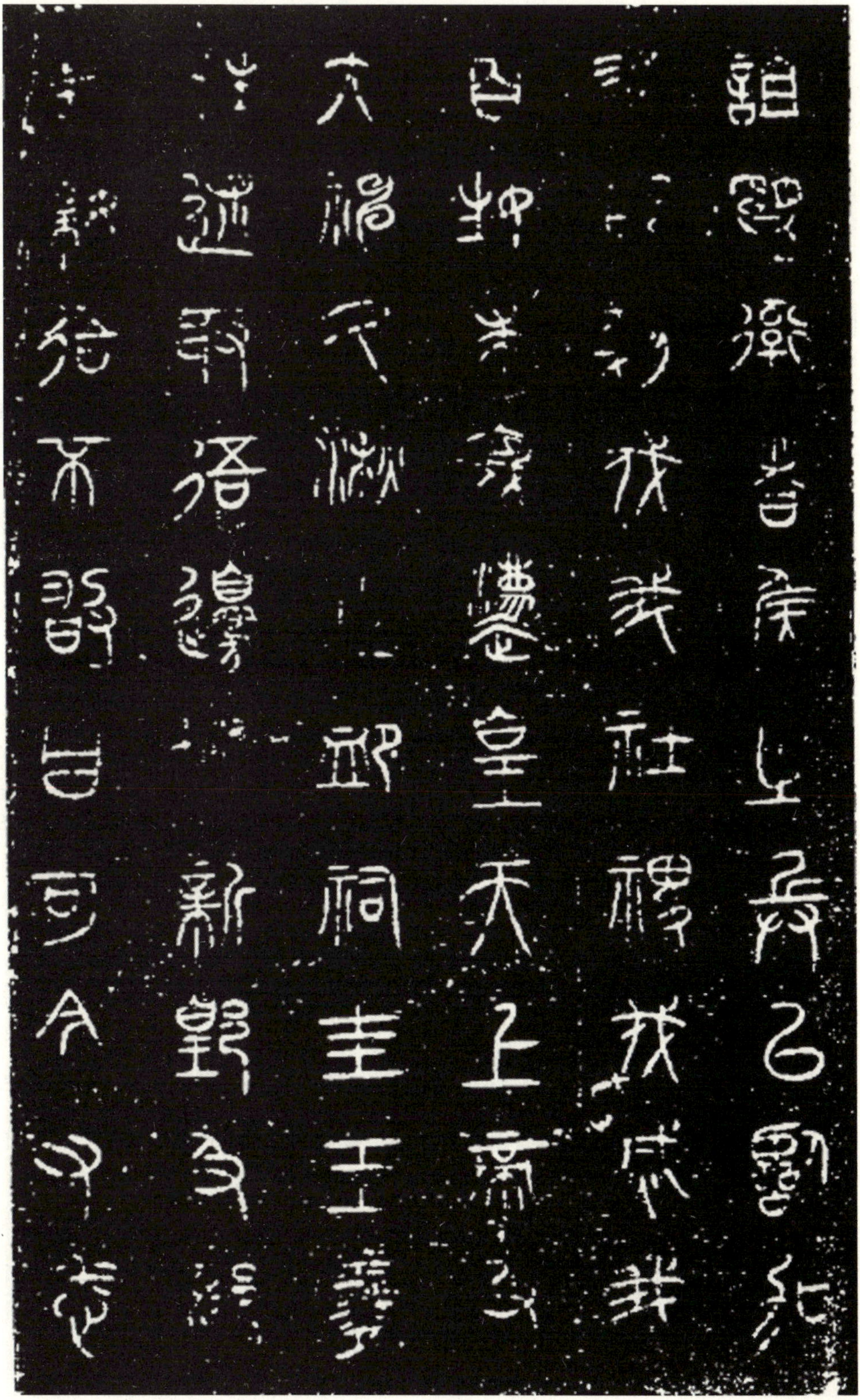

張矜意怒飾甲底
兵奮士盛師以偪吾邊競
將欲復其兇迹唯是秦邦
之羸衆敝賦鞟輸棧輿禮
使介老將之以自救也亦
應受皇天上帝及大沈久

湫之幾靈德賜克劑楚師
且復略我邊城敢數楚王
熊相之倍盟犯詛箸者石
章以盟大神之威神

巫咸
有秦嗣王敢用吉玉宣璧
使其宗祝邵鼛布忠告于
丕顯大神巫咸以底楚王
熊相之多辠昔我先君穆
公及成王是繆力同心

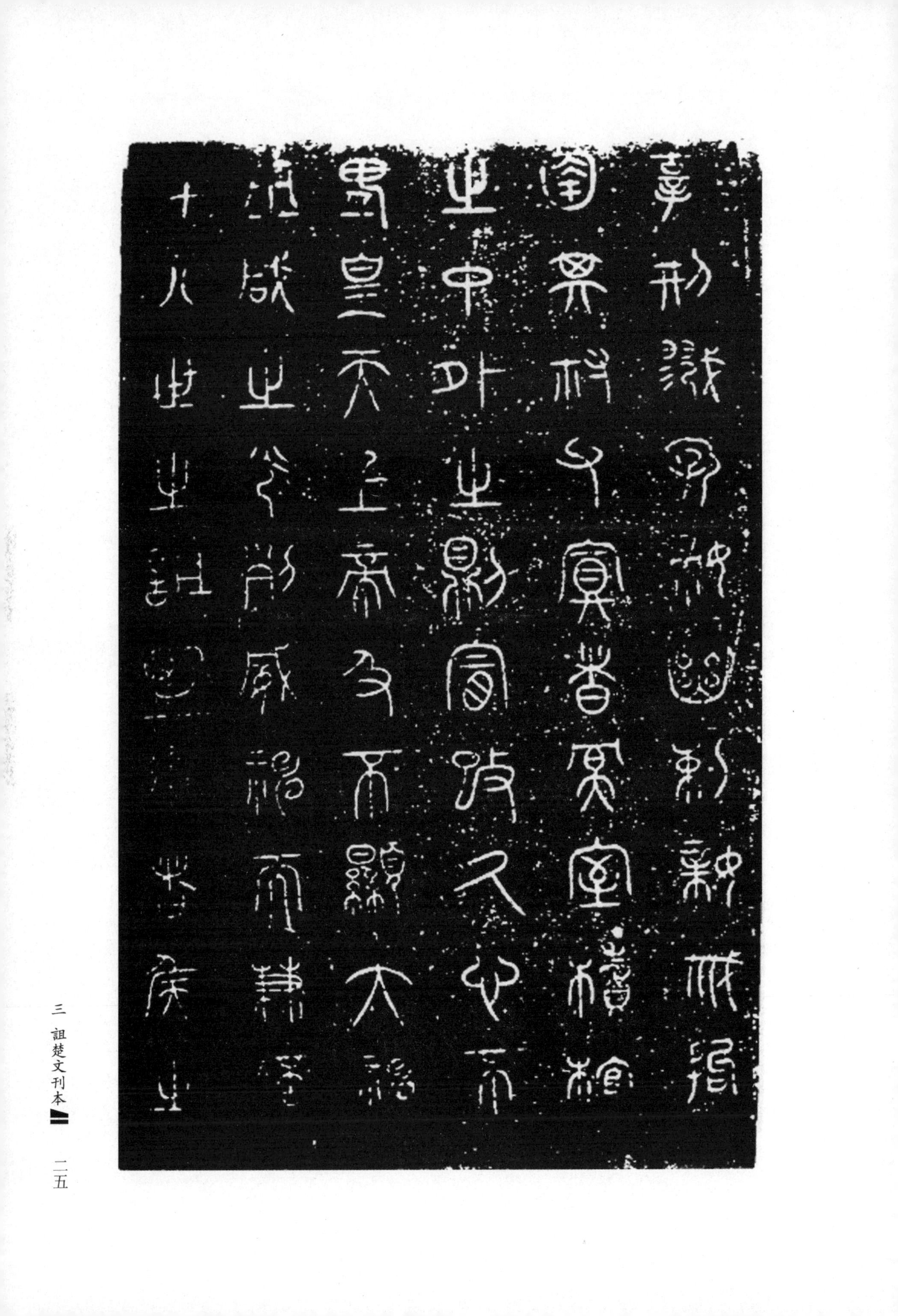

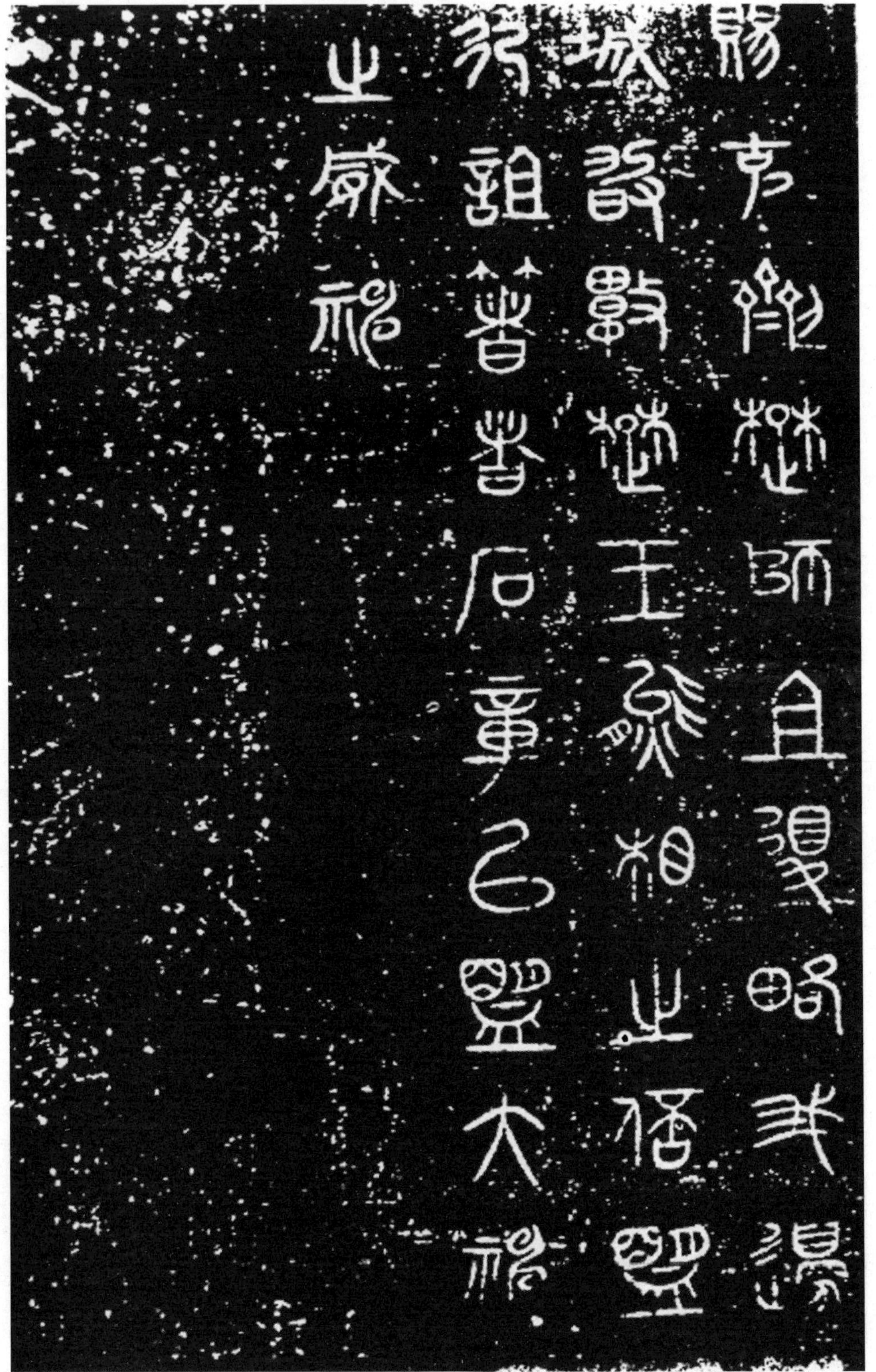

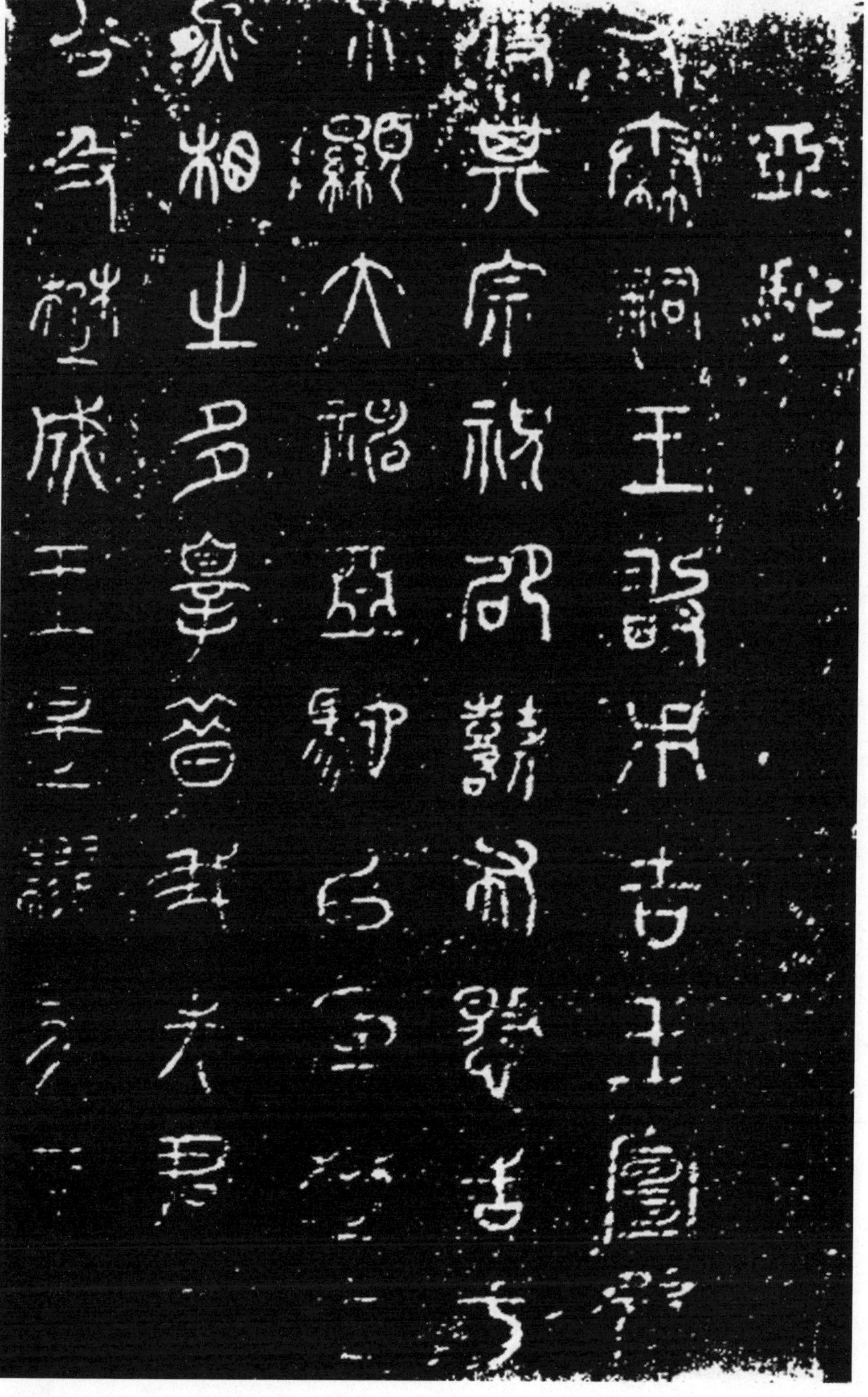

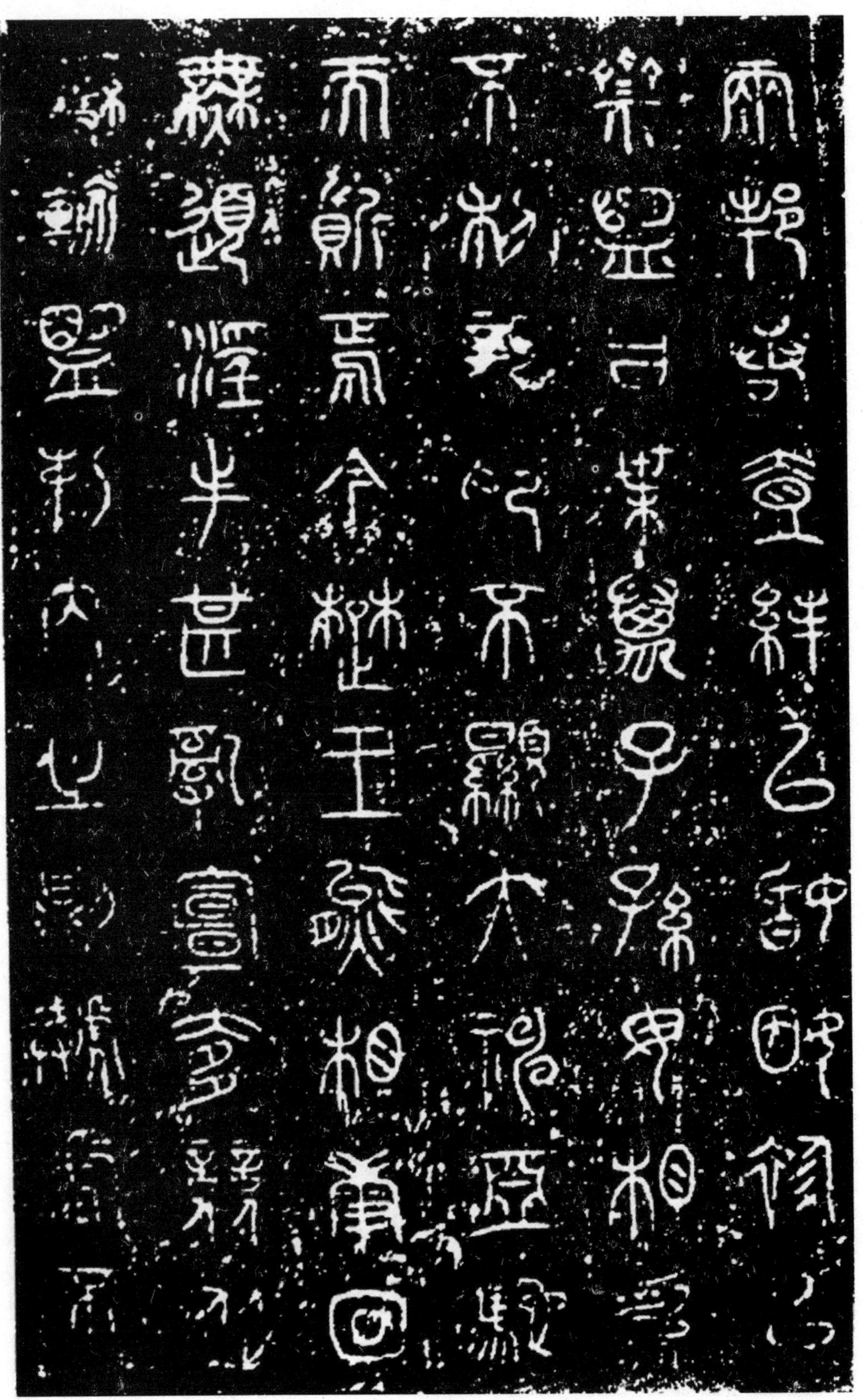

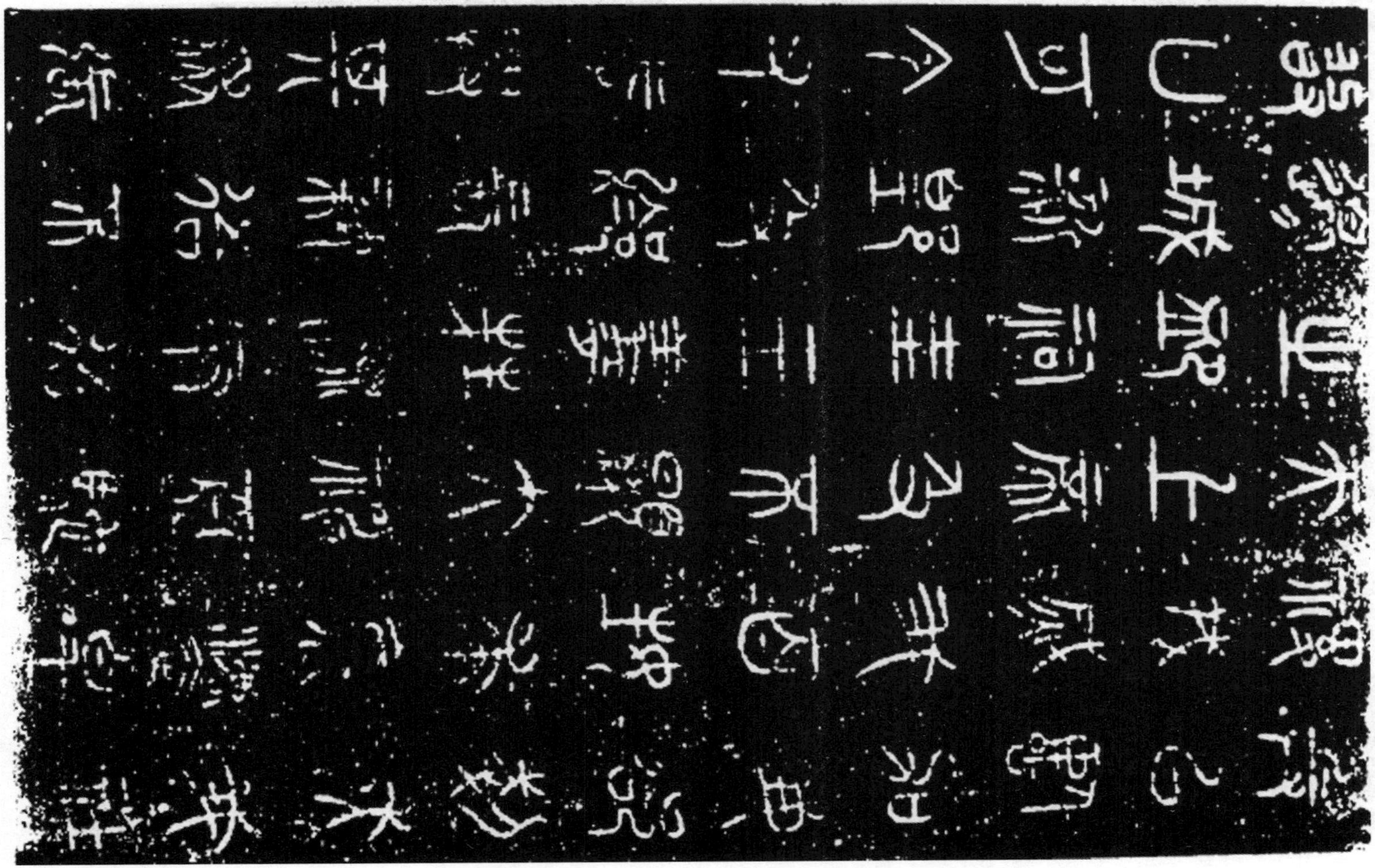

矜怒飾甲底兵奮士盛
師以偪我邊競將欲復其
兇迹唯是秦邦之羸眾敝
賦鞈輸棧輿禮使介老將
之以自救也亦應受皇天
上帝及不顯大神亞駝之

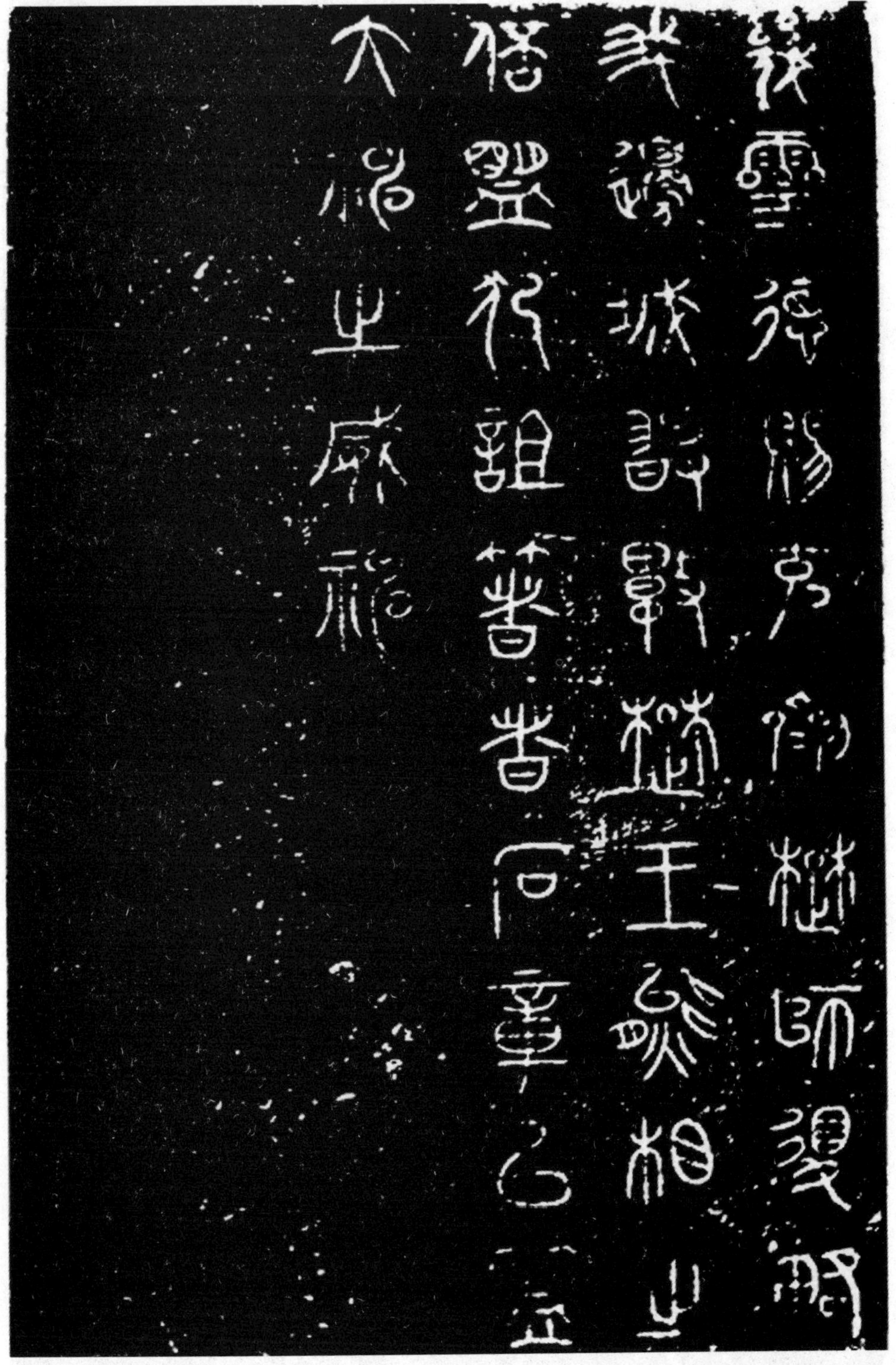

四　詛楚文放大

詛楚文摹刻本字形較小，且筆畫多有剥泐，無論是文字研究，還是書法學習，都不方便。放大以後，一些細微的筆畫差異和字體結構等，則可以進行較爲深入的觀察了。

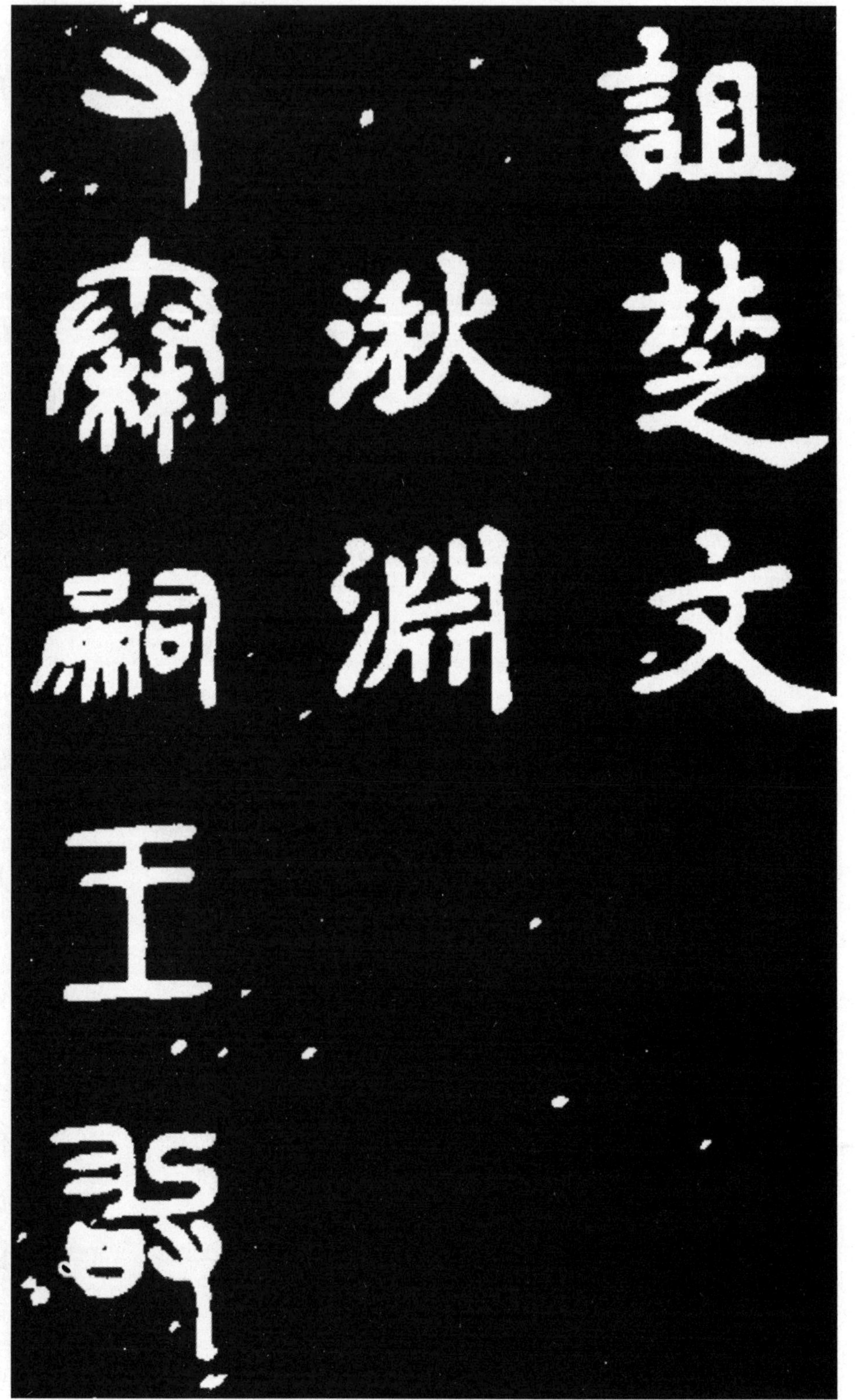

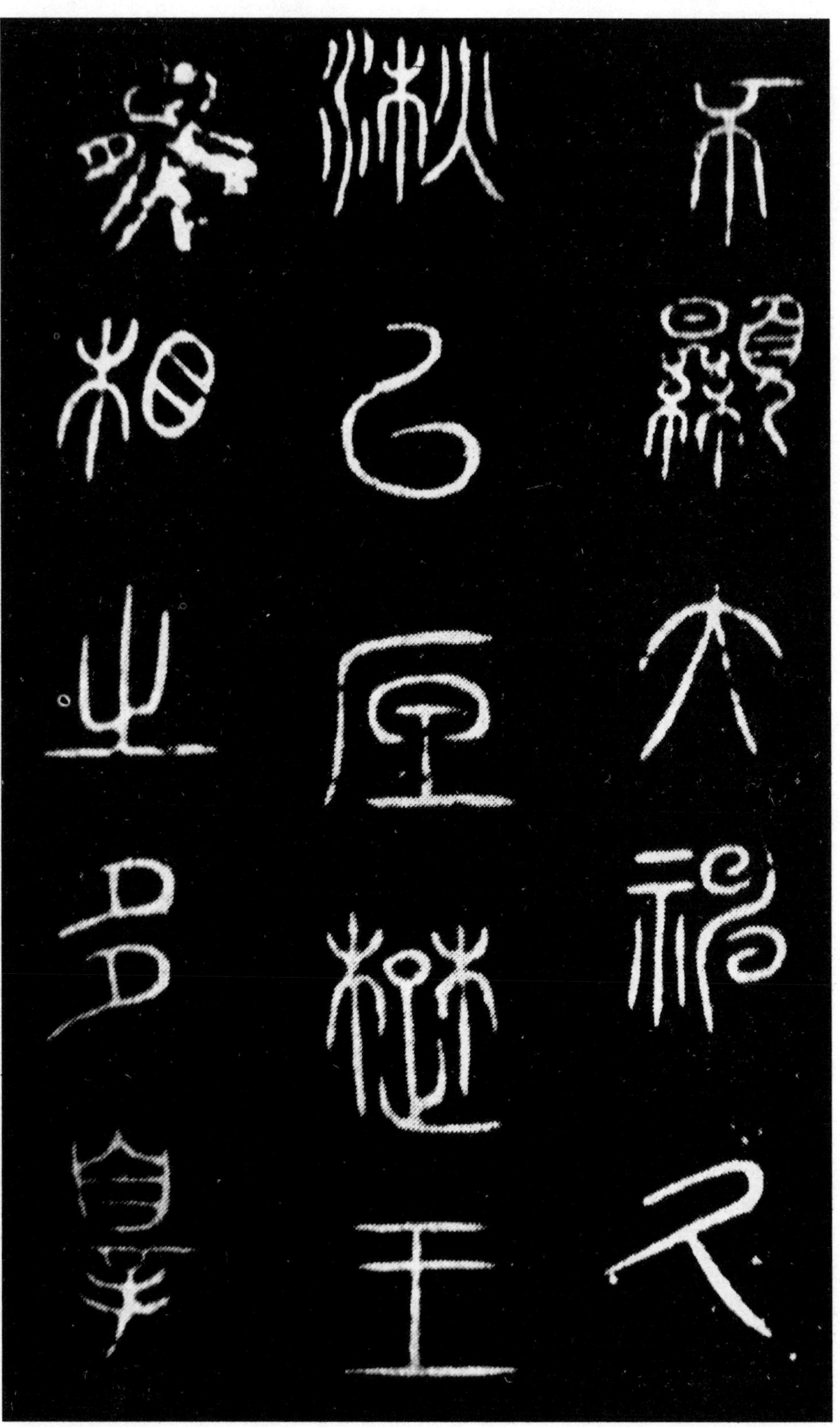

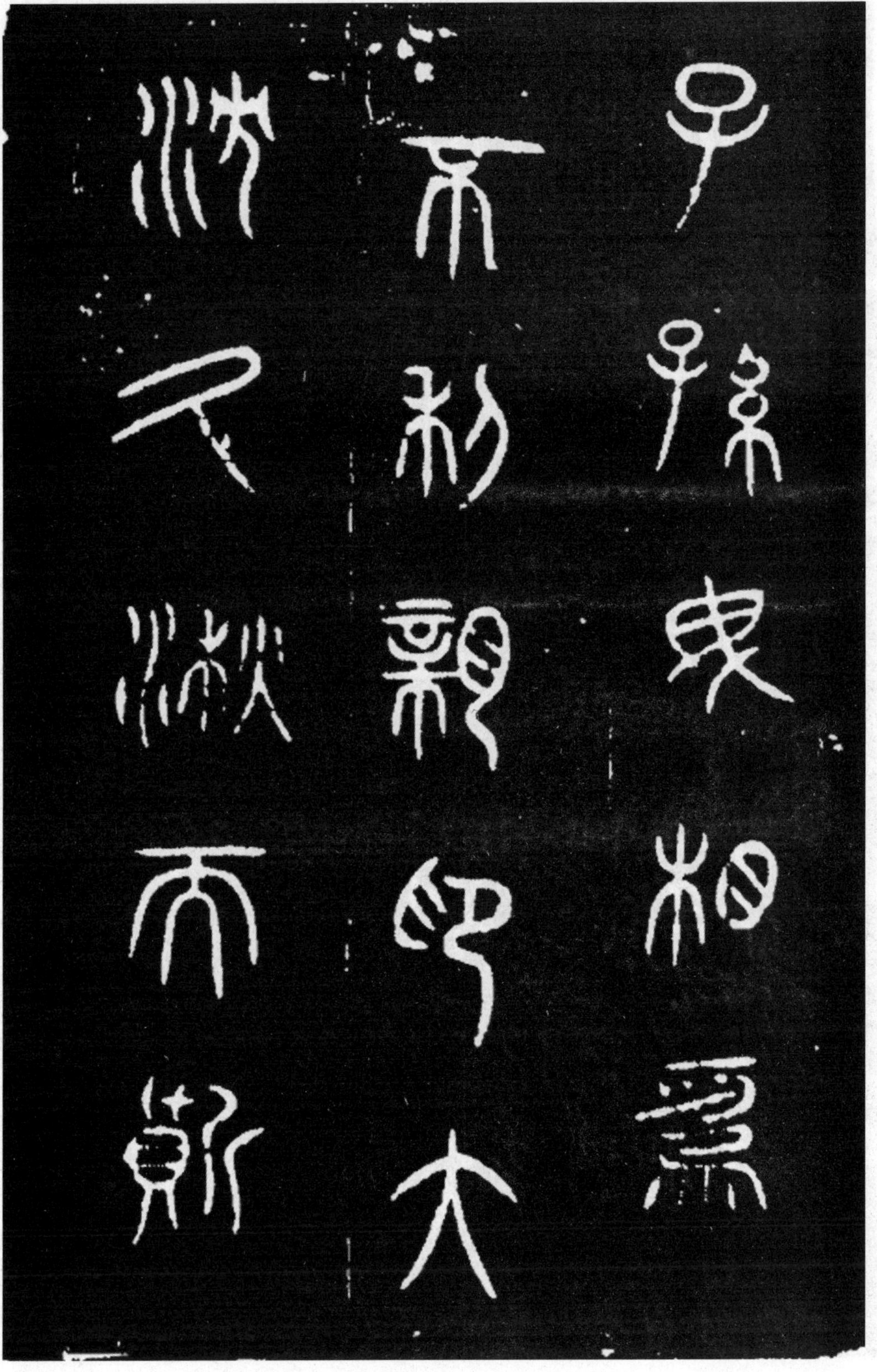

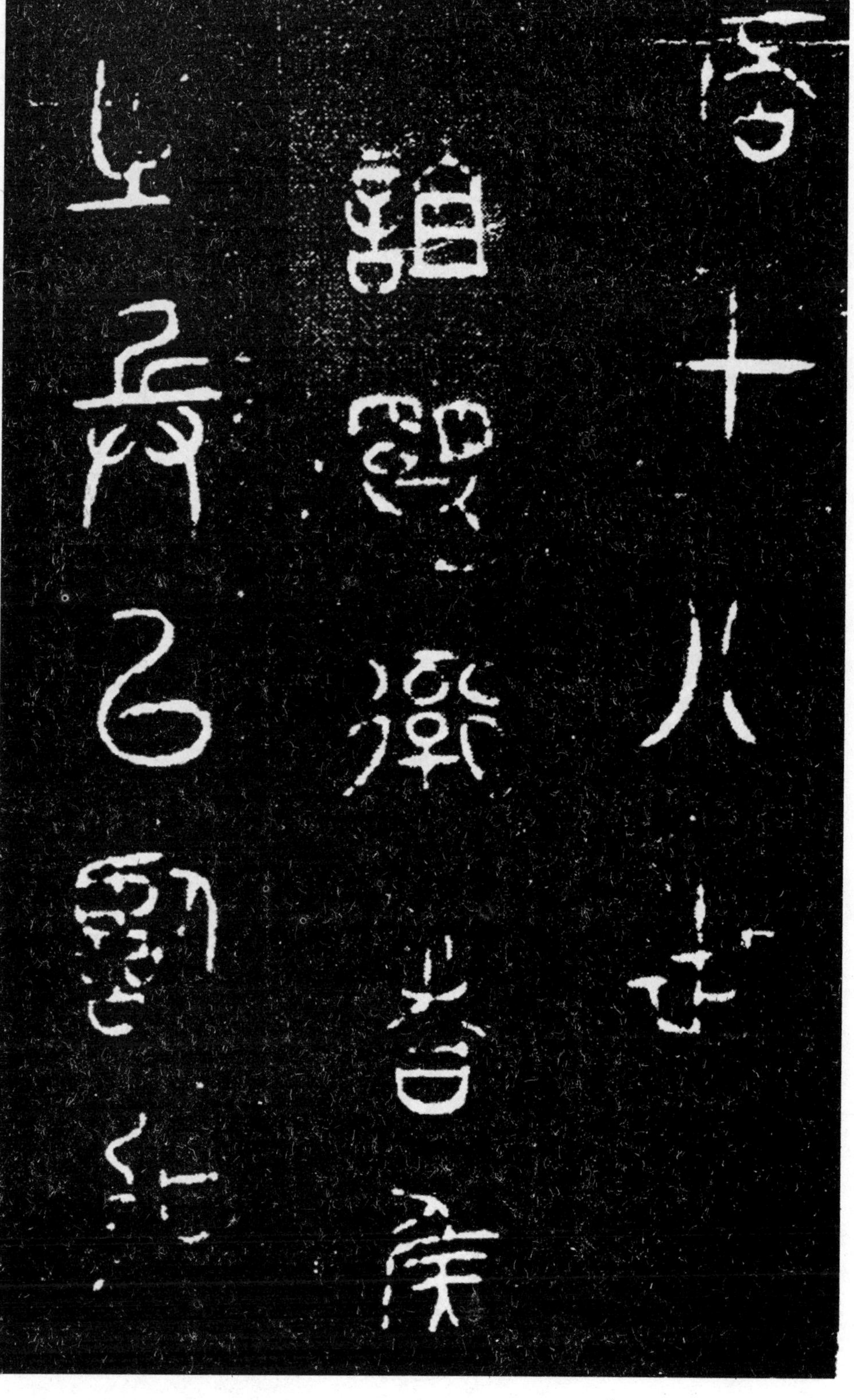

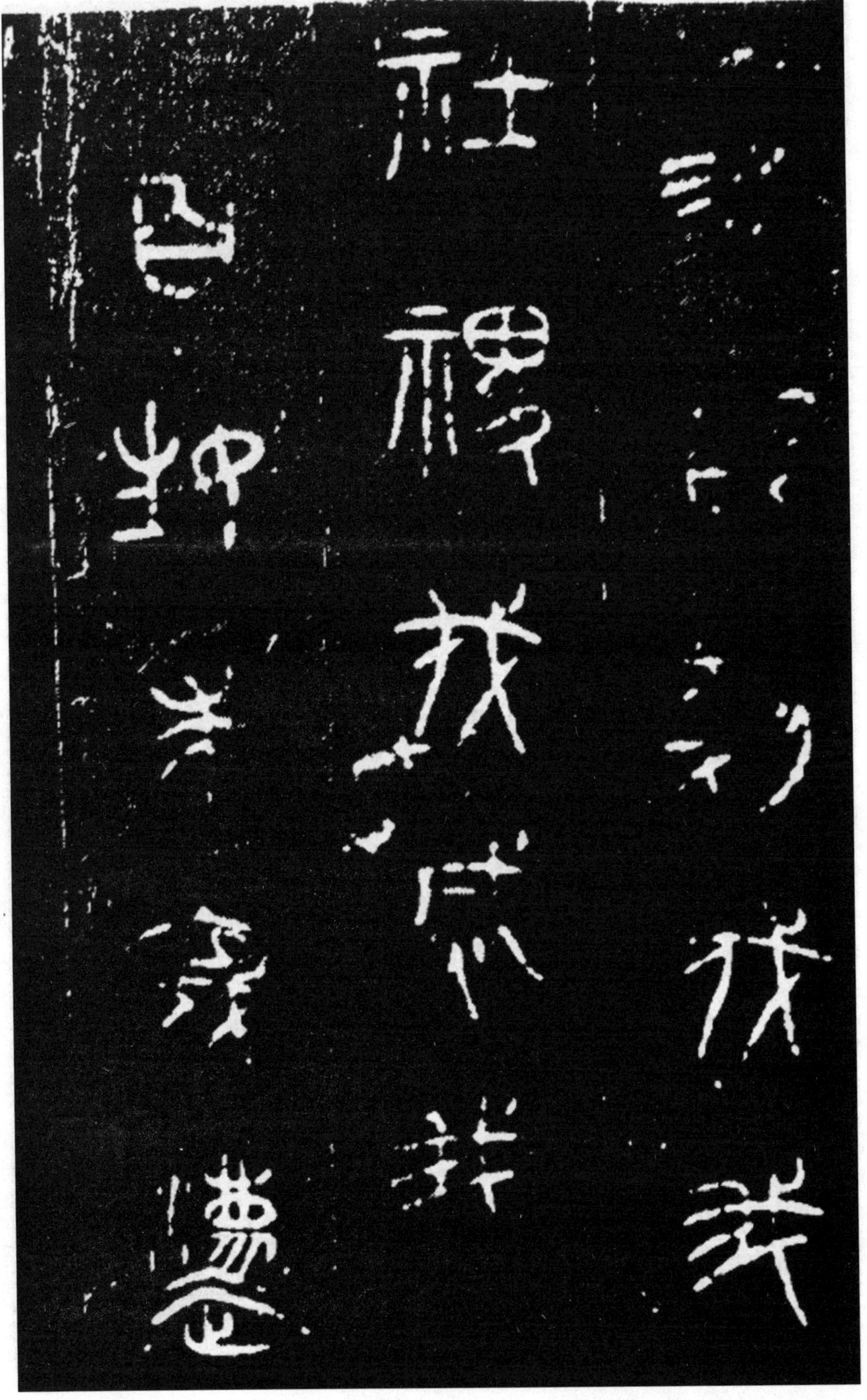

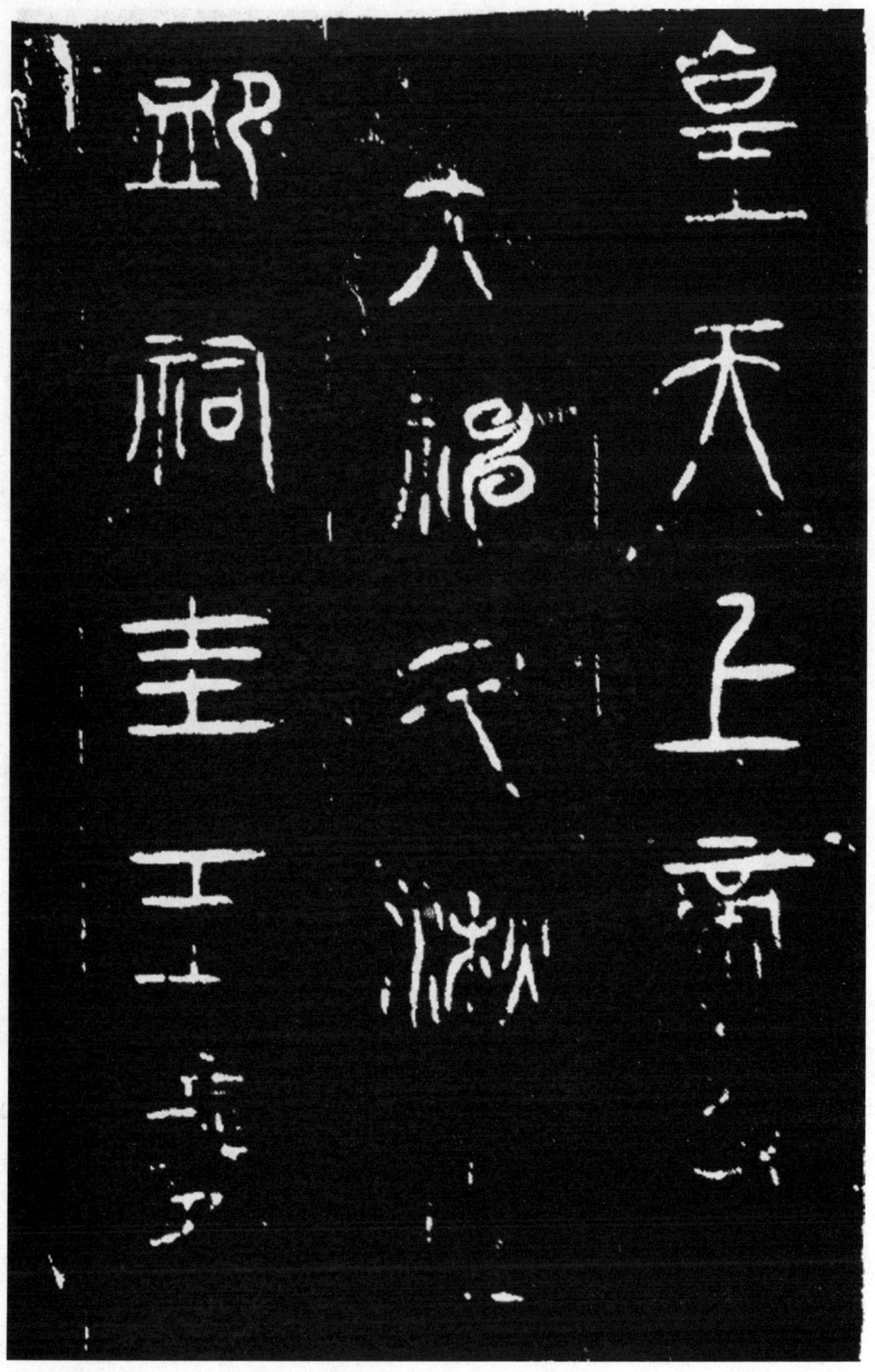

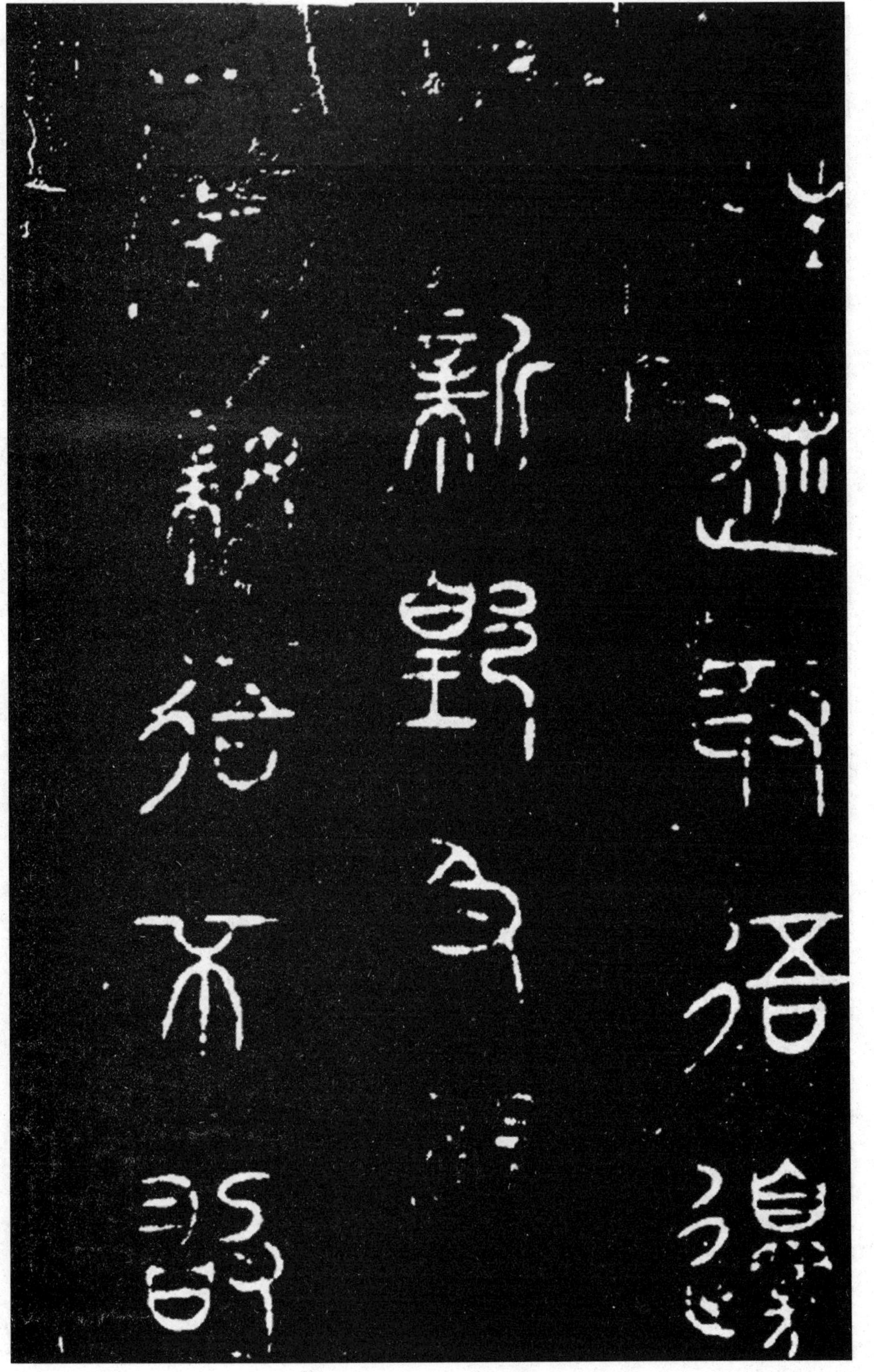

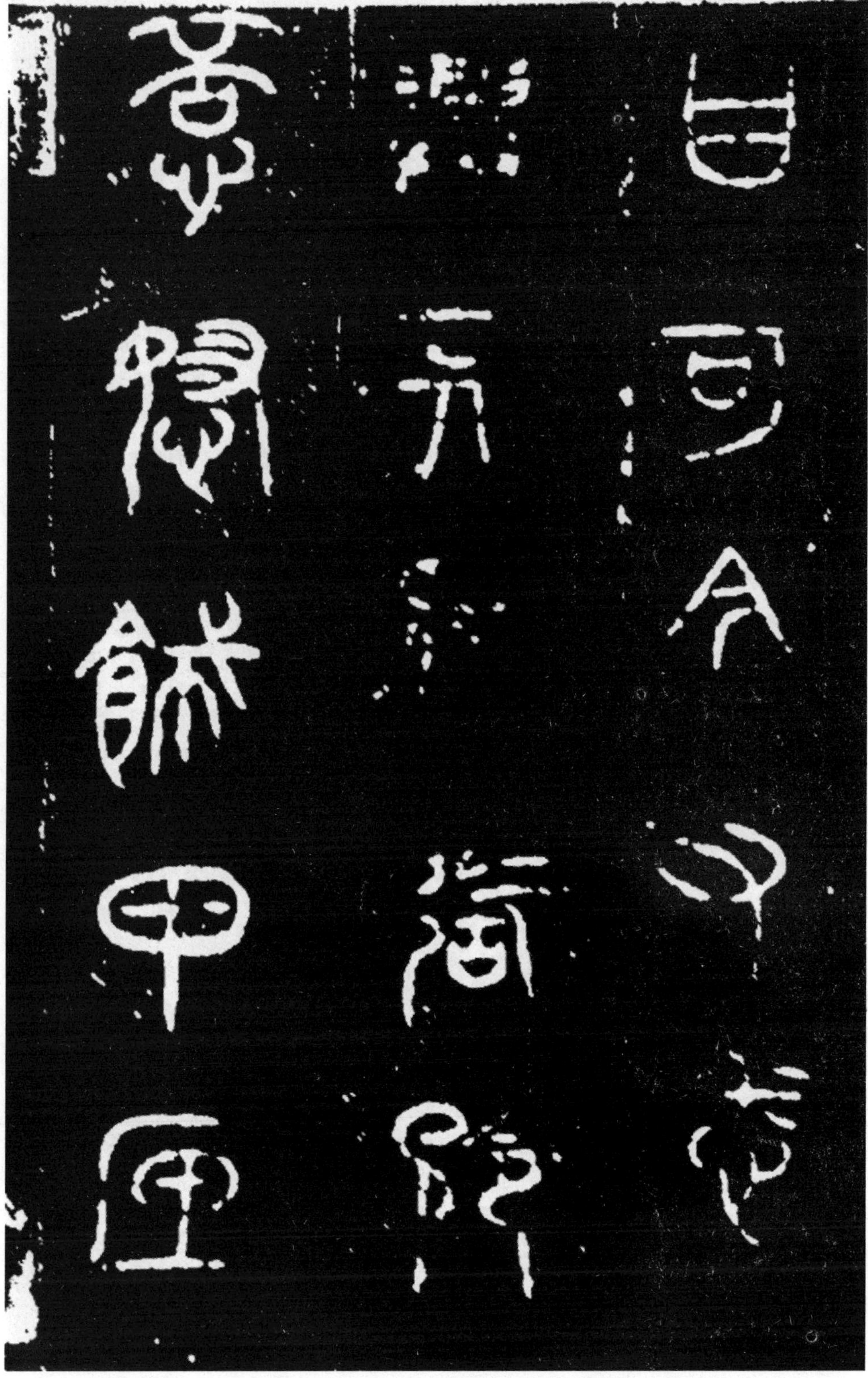

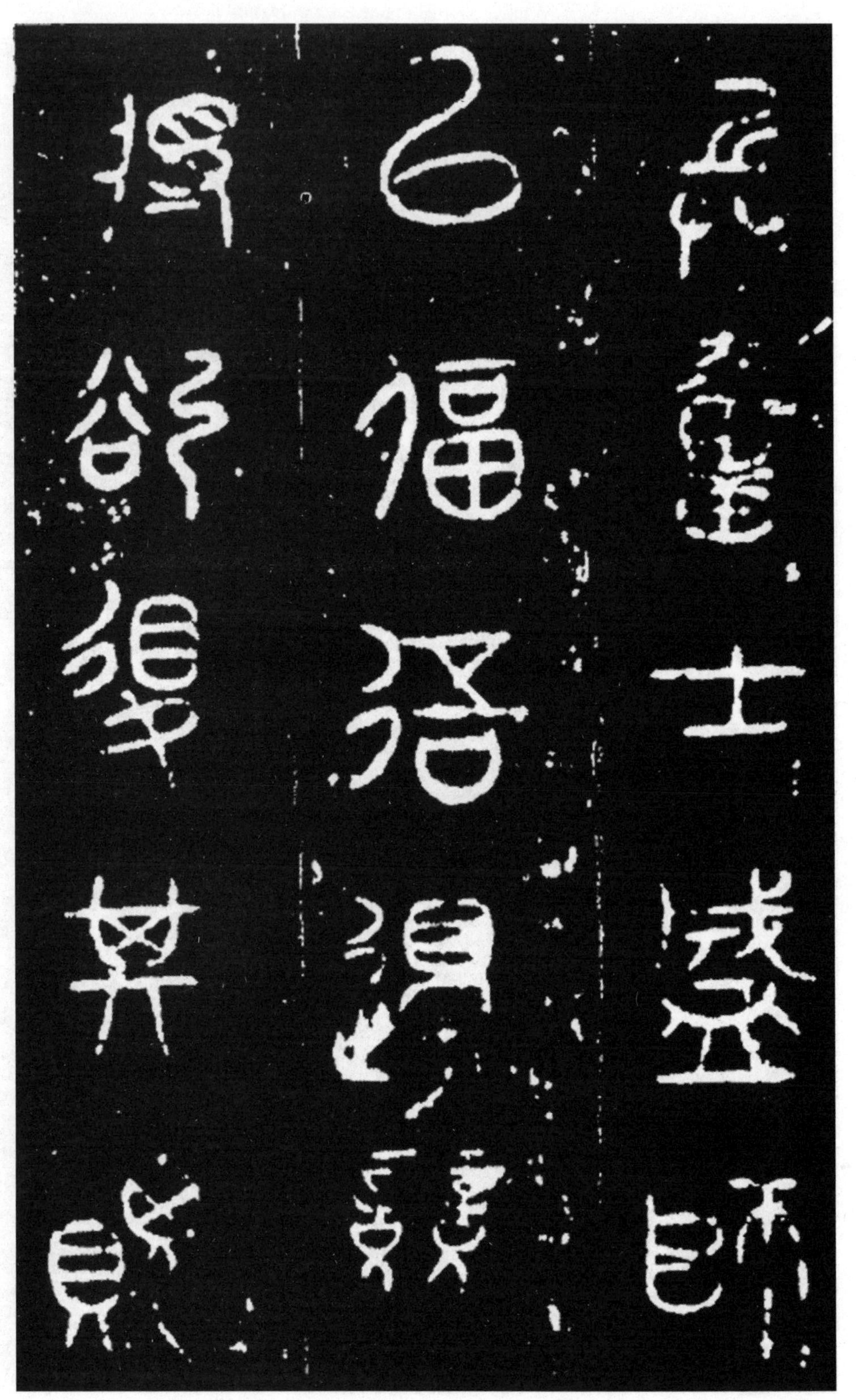

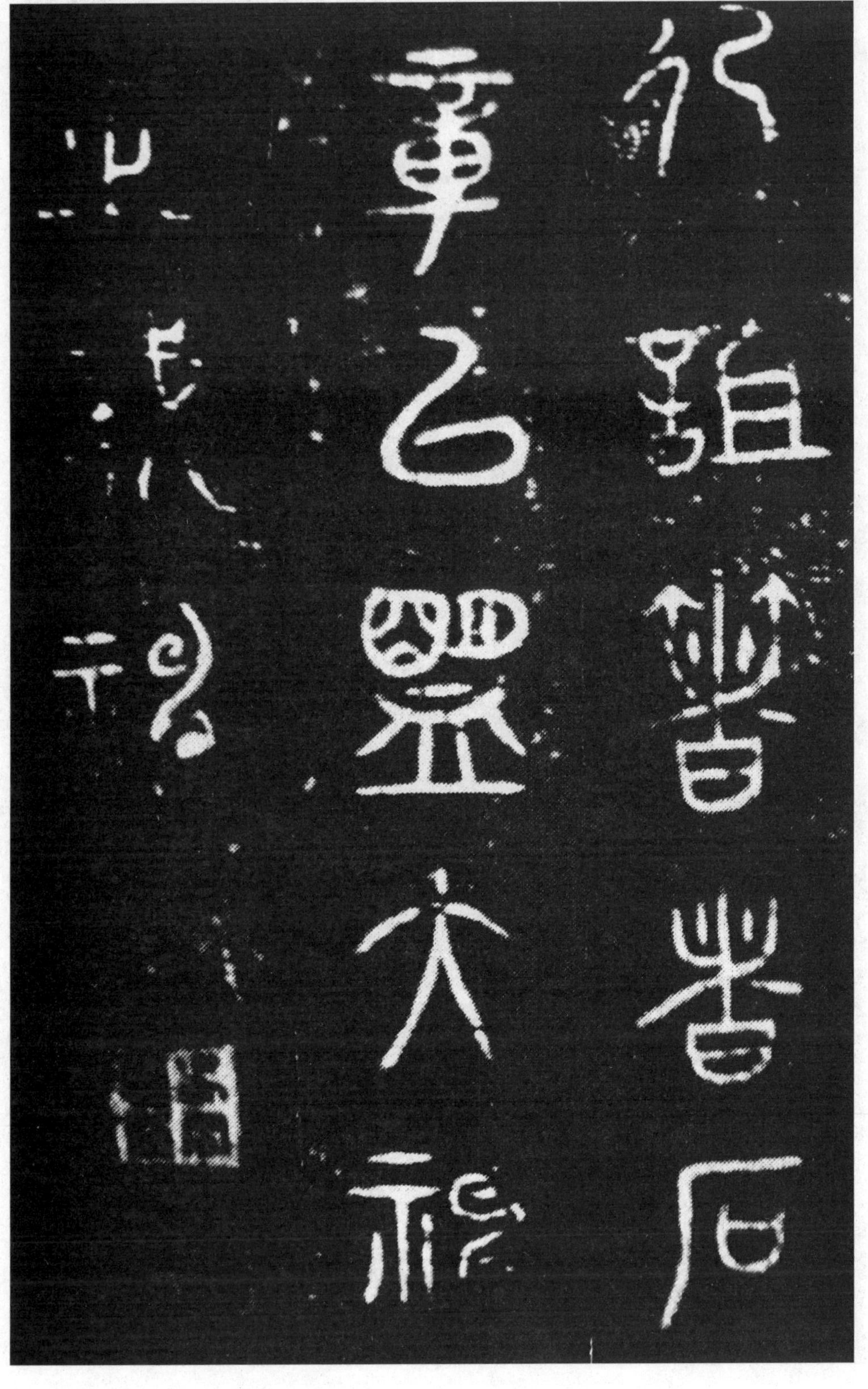

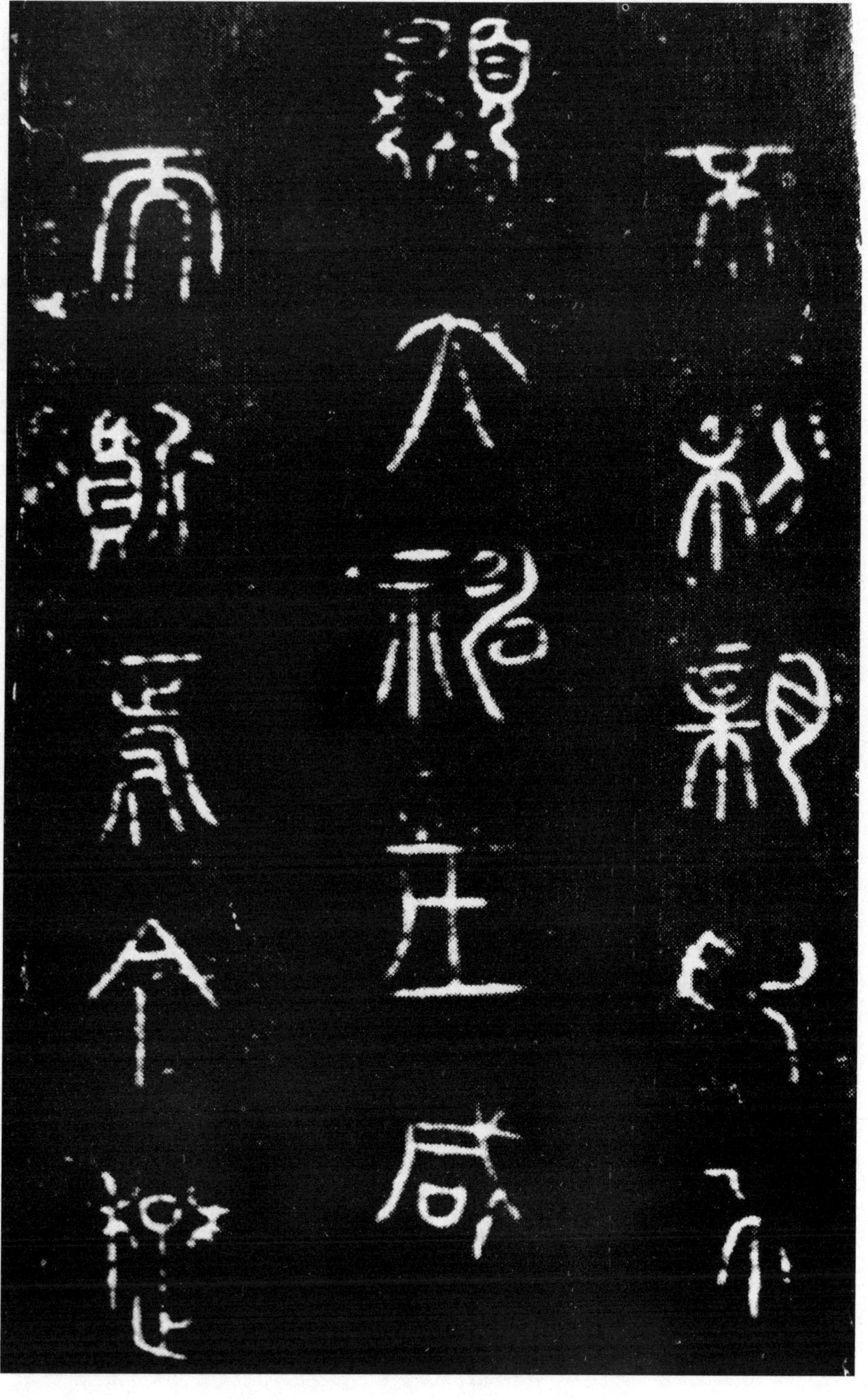

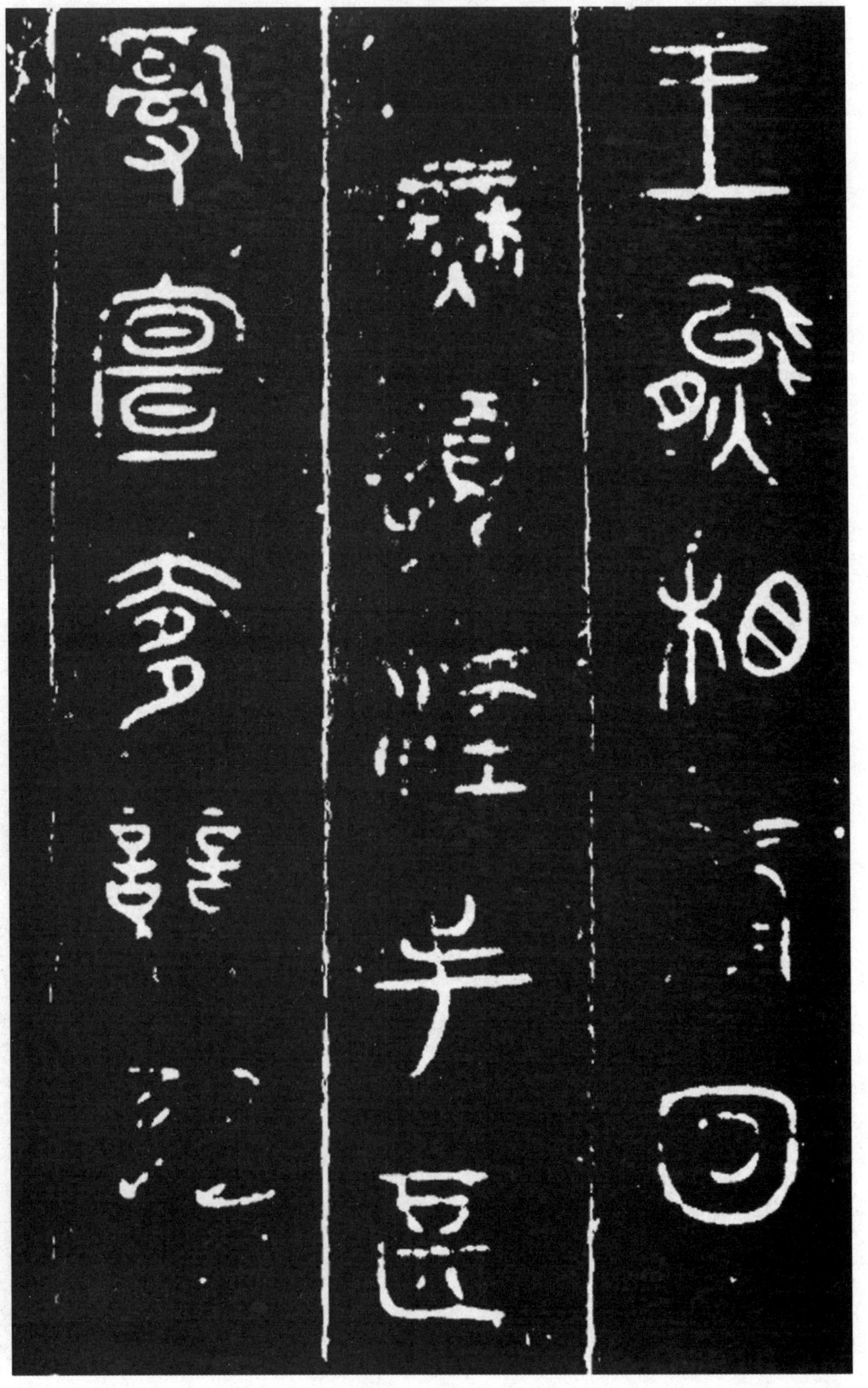

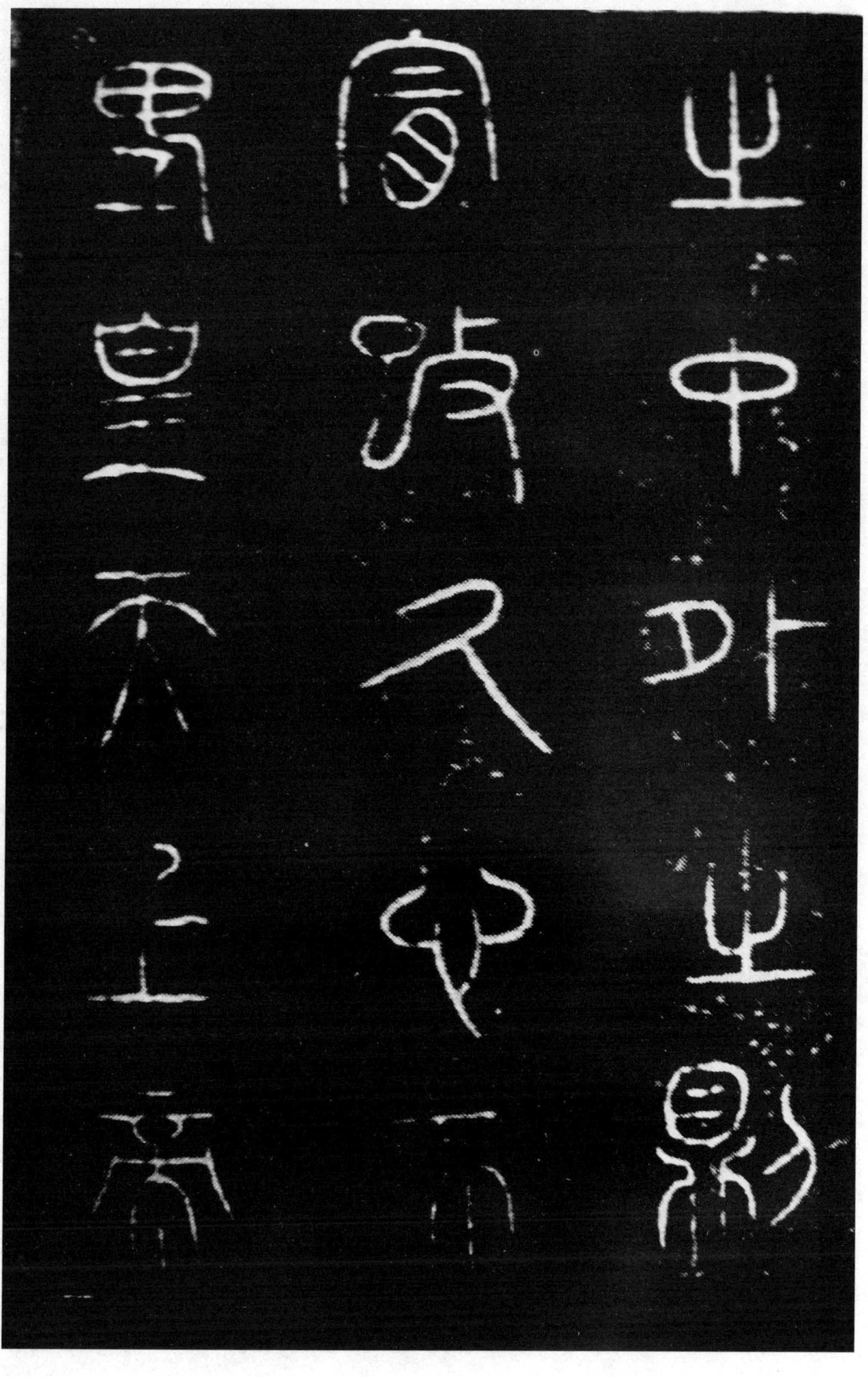

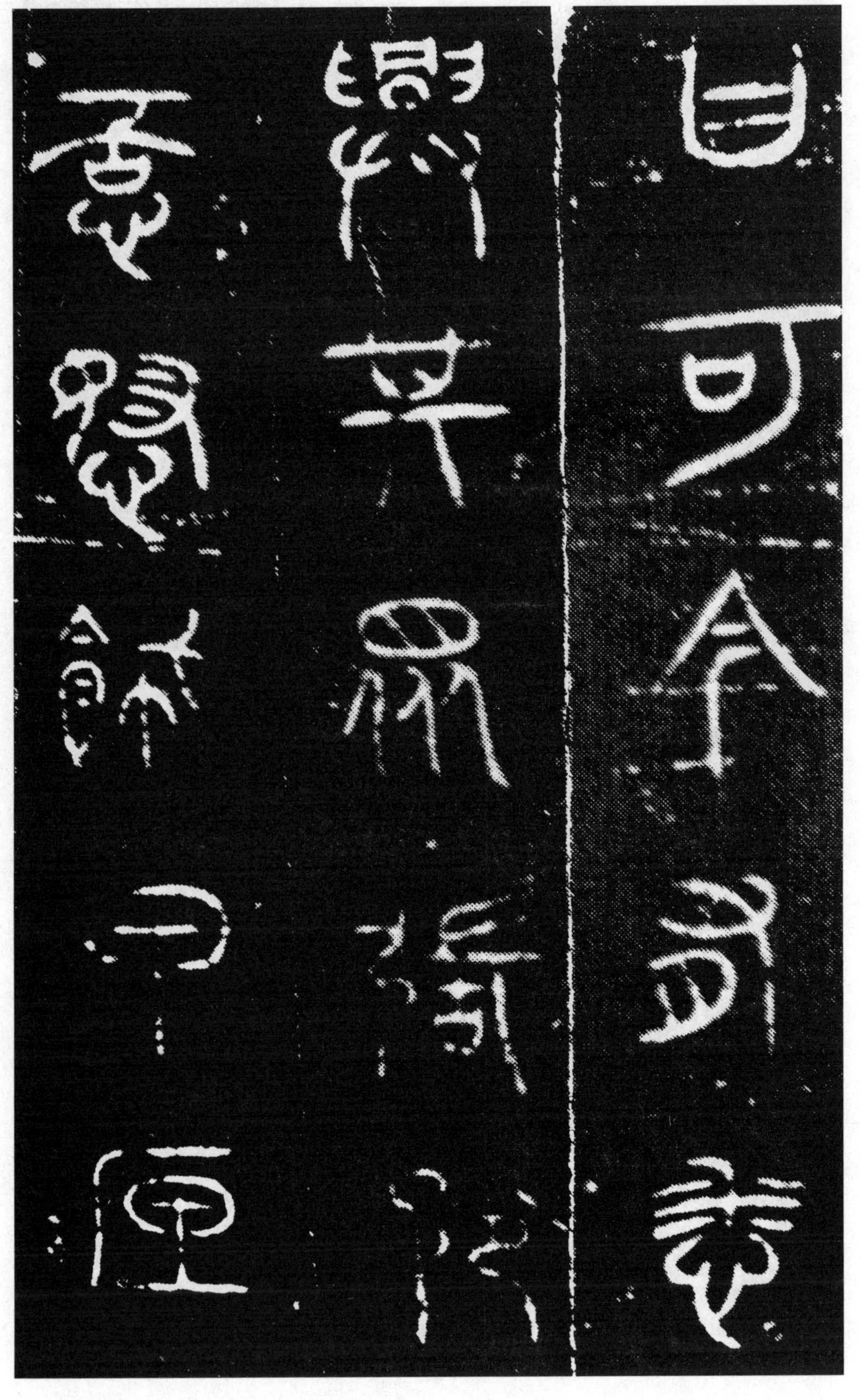

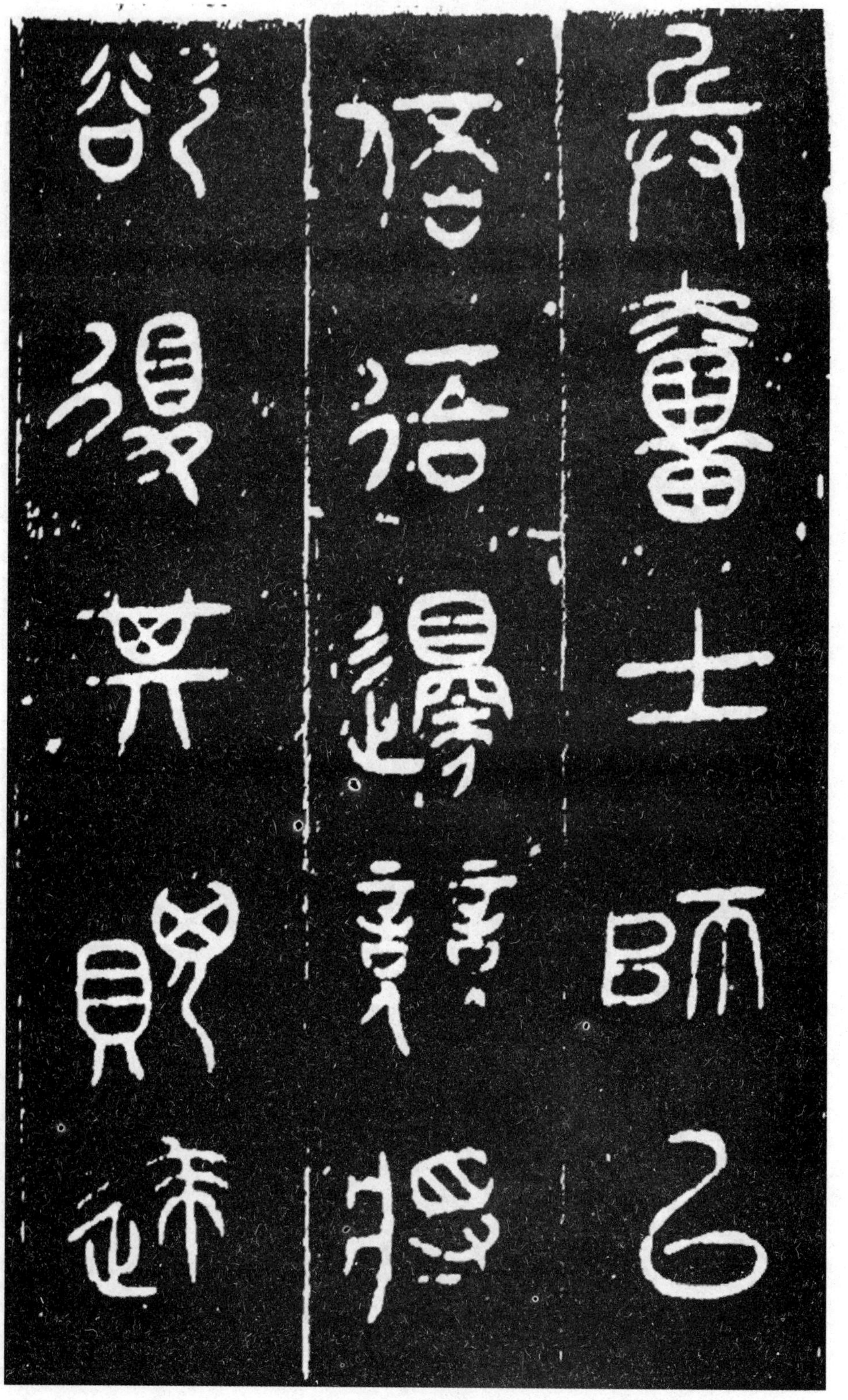

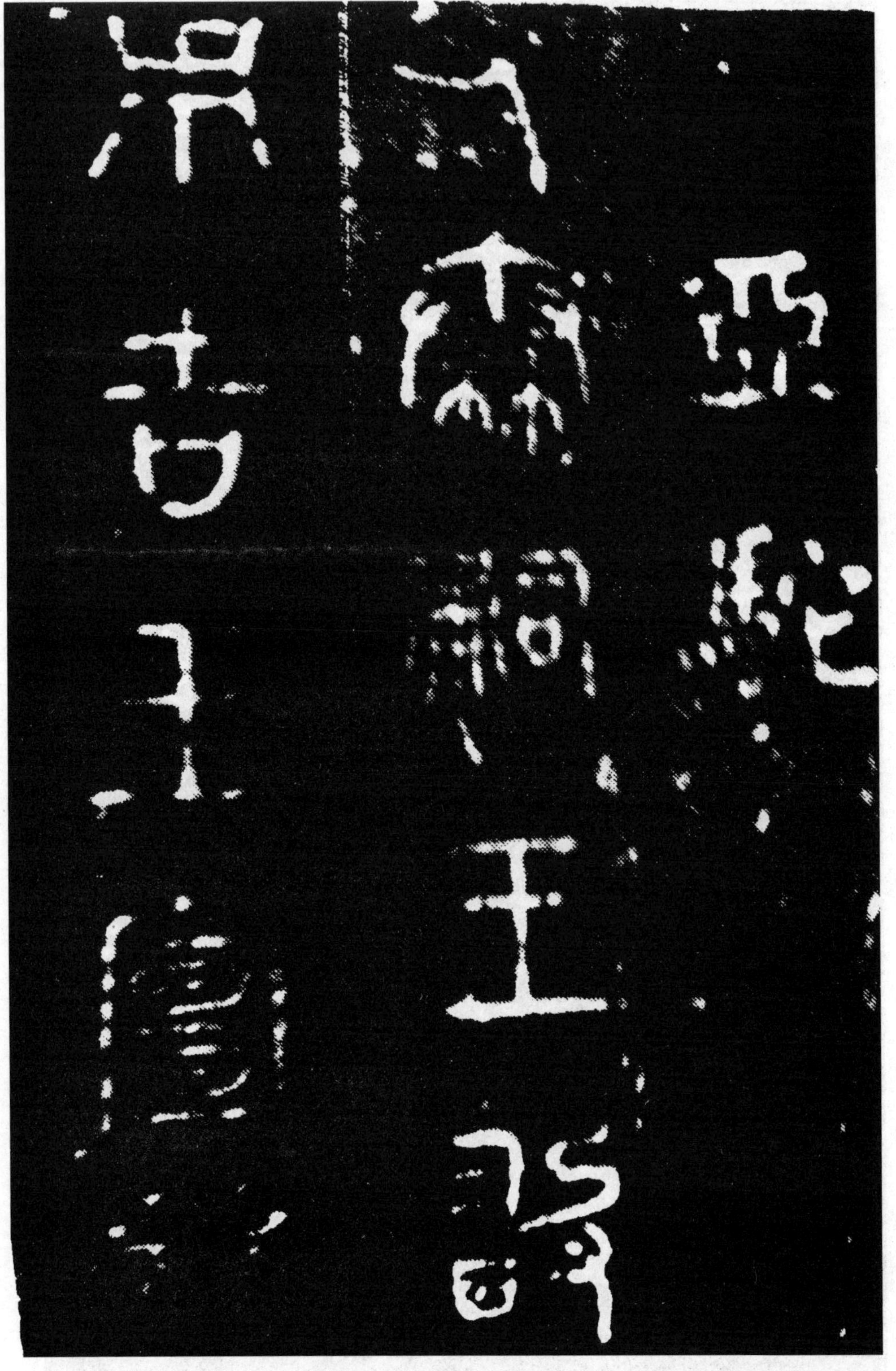

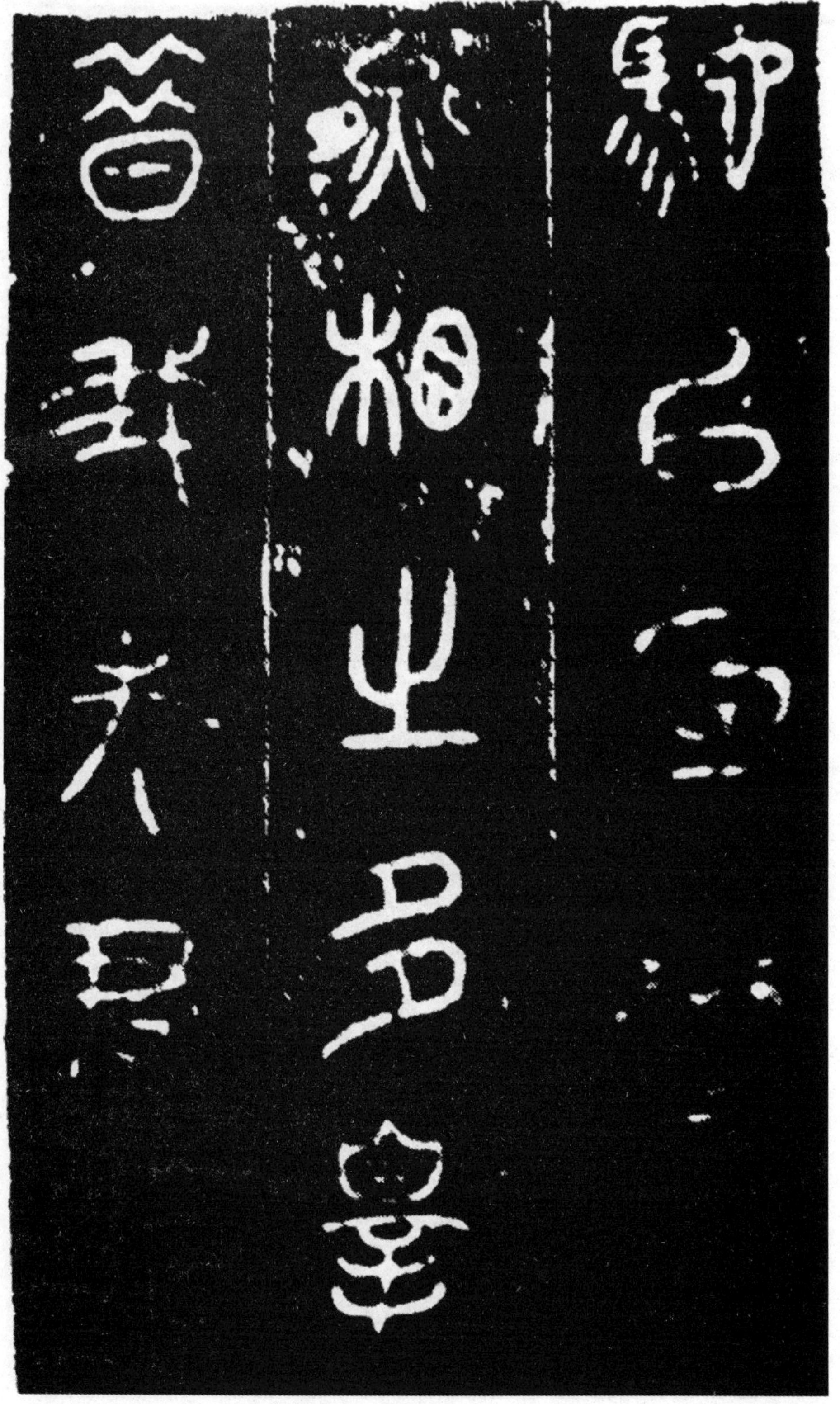

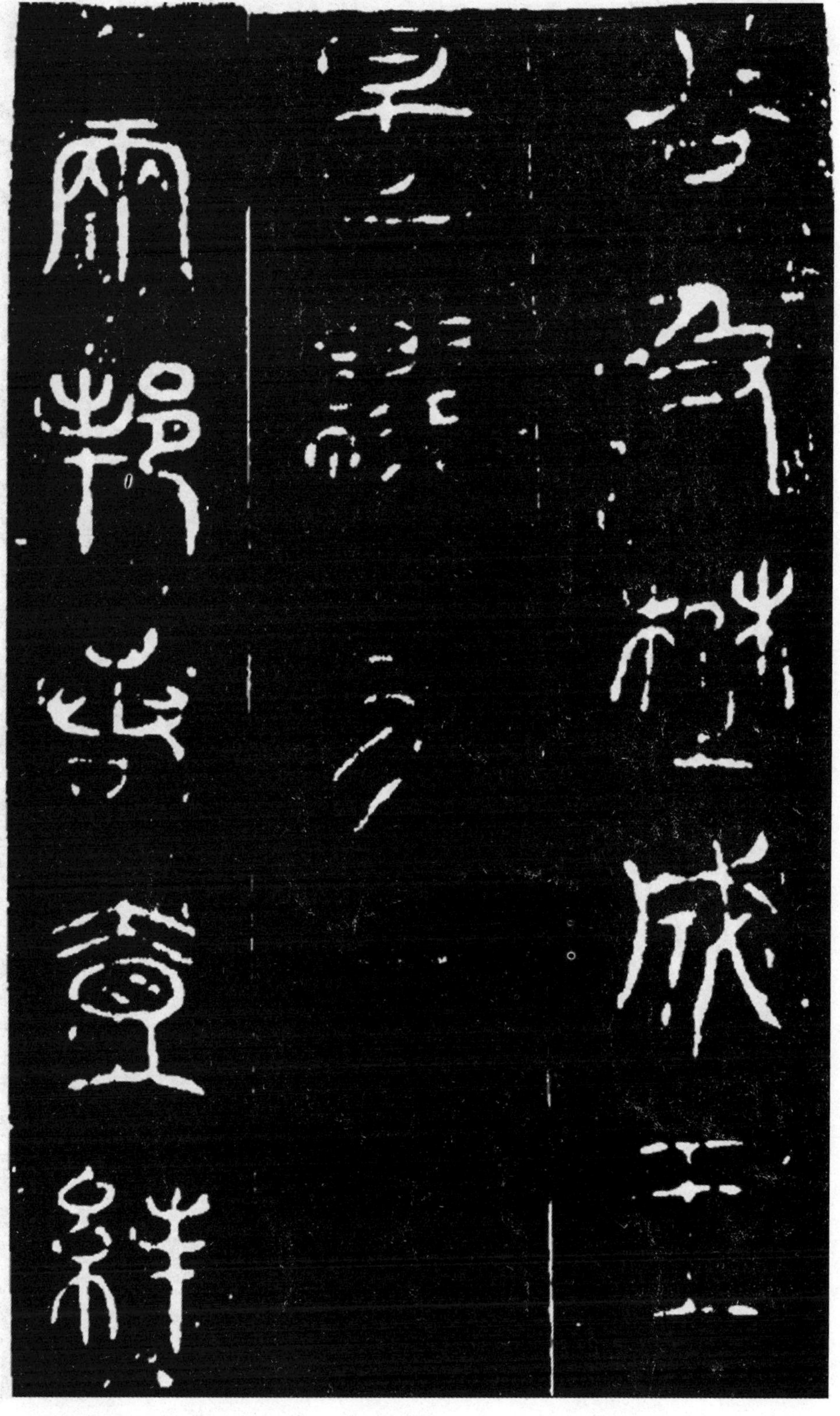

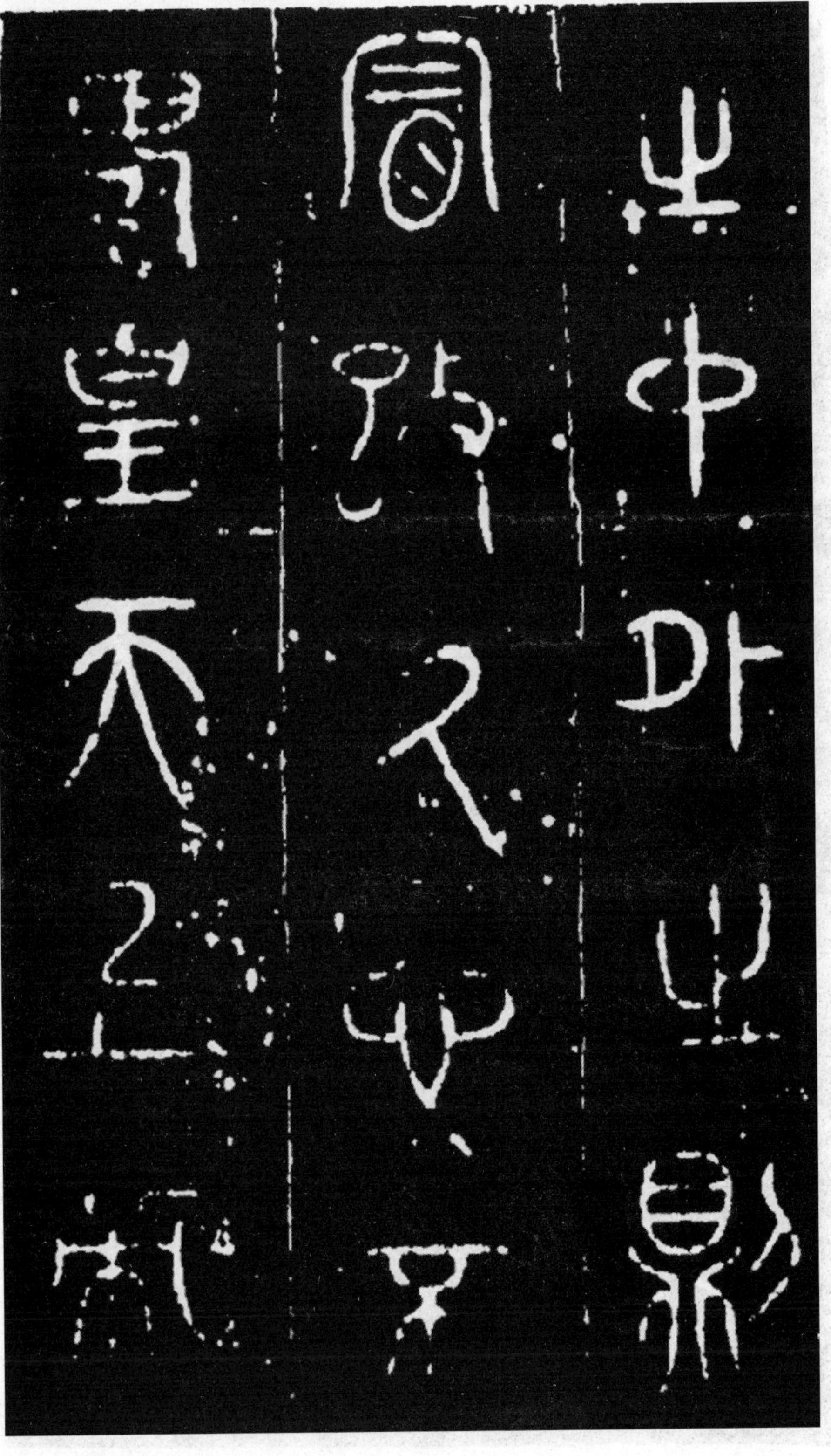

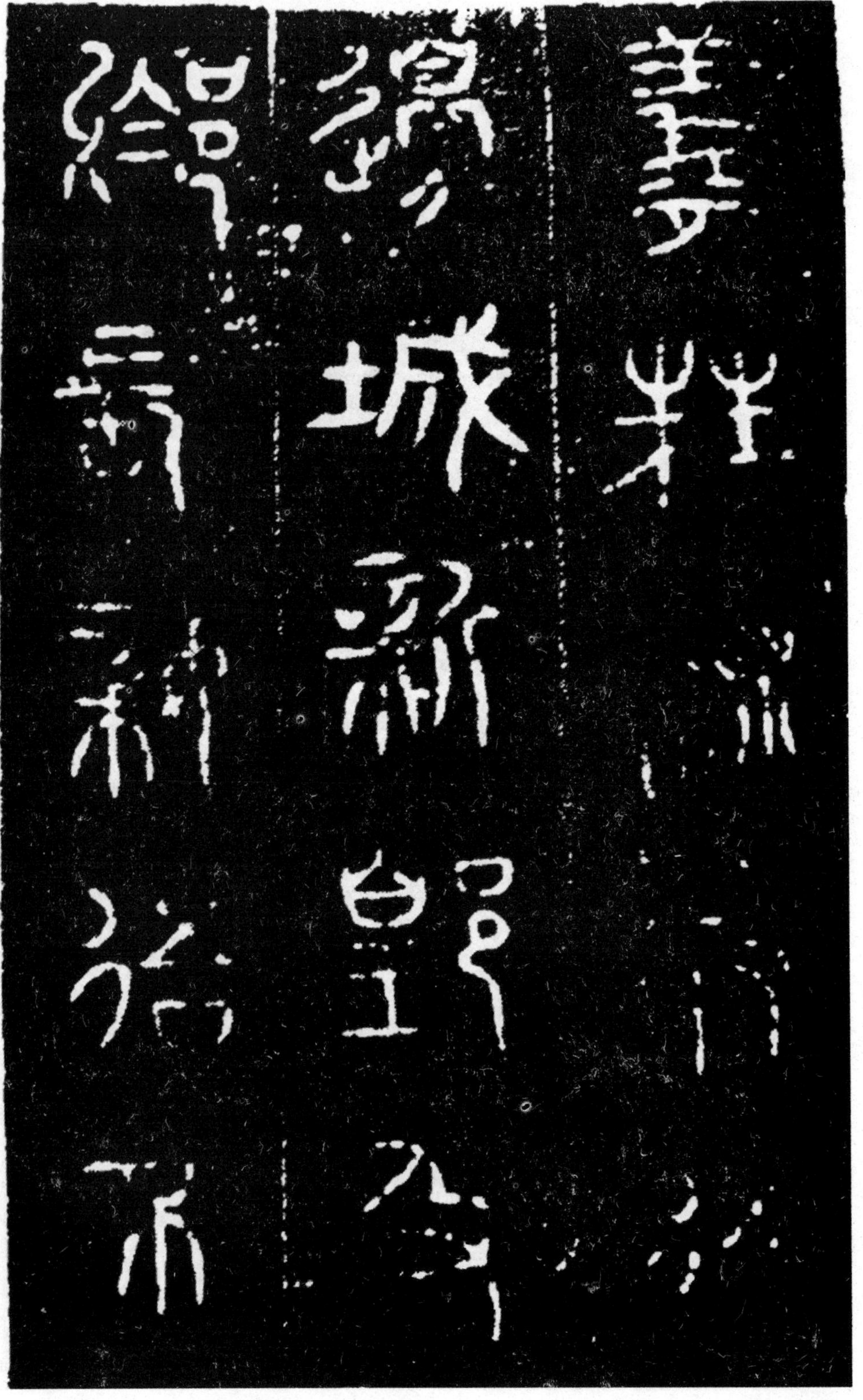

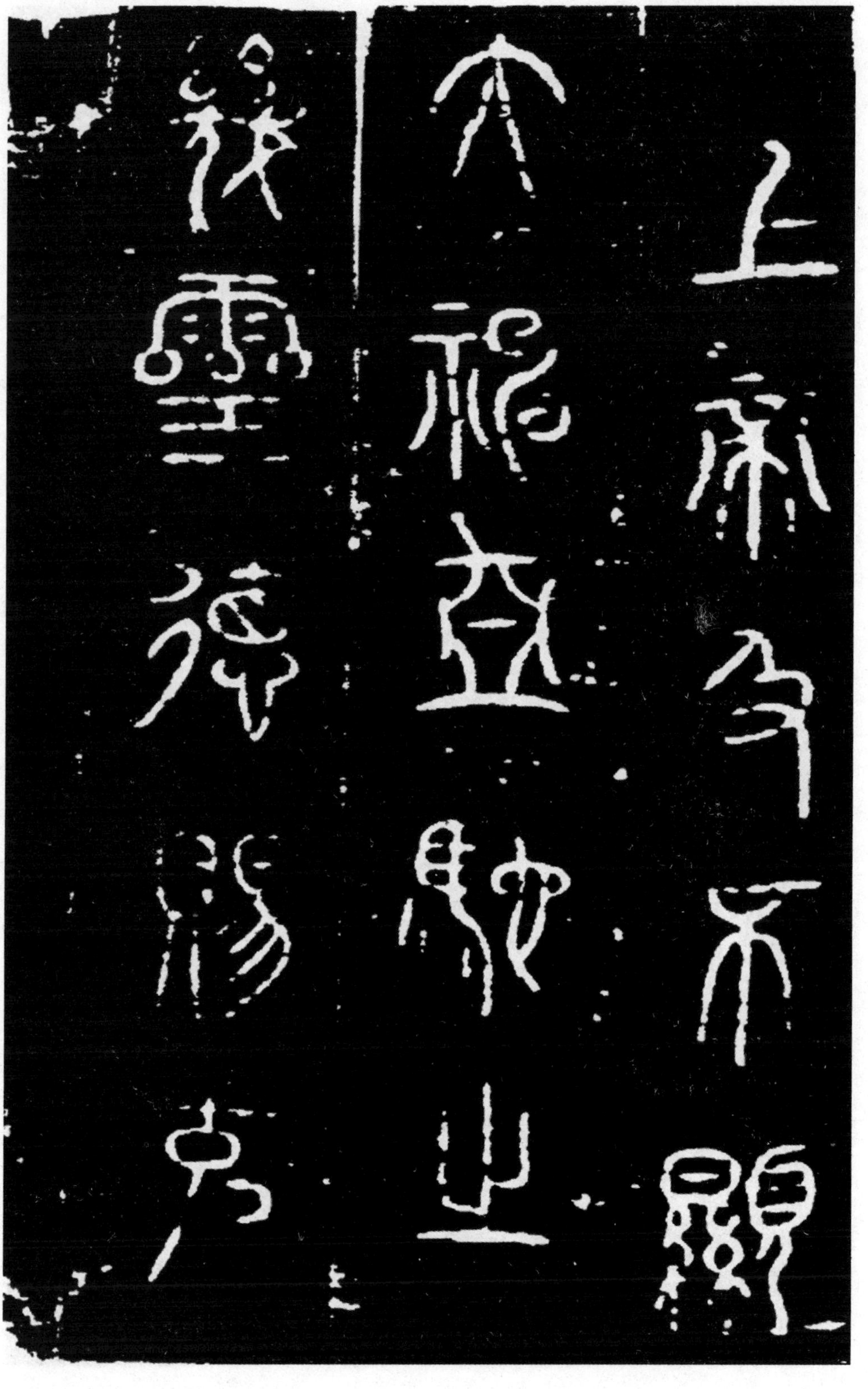

五　詛楚文寫本

詛楚文刻本放大之後，字體明晰多了，但原來缺失的筆畫仍然空缺不存。爲此，筆者將三塊刻石加以比照，結合相關金文、秦諸刻石、秦簡及刻符書等，把詛楚文（告厥湫刻石）殘缺的字全部補齊，并用羊毫中鋒毛筆一一進行了書寫，以供文字書法及相關研究者參考。

又秦嗣王敢
用吉玉宣璧
使其宗祝邵

鼛布愍告于

不顯大神厥

湫以底楚王

熊相之多辠

昔我先君穆

公及楚成王

淫失甚亂宣
侈競從變輸
盟制內之則

叔父寘者冥
室櫝棺之中
外之則冒改

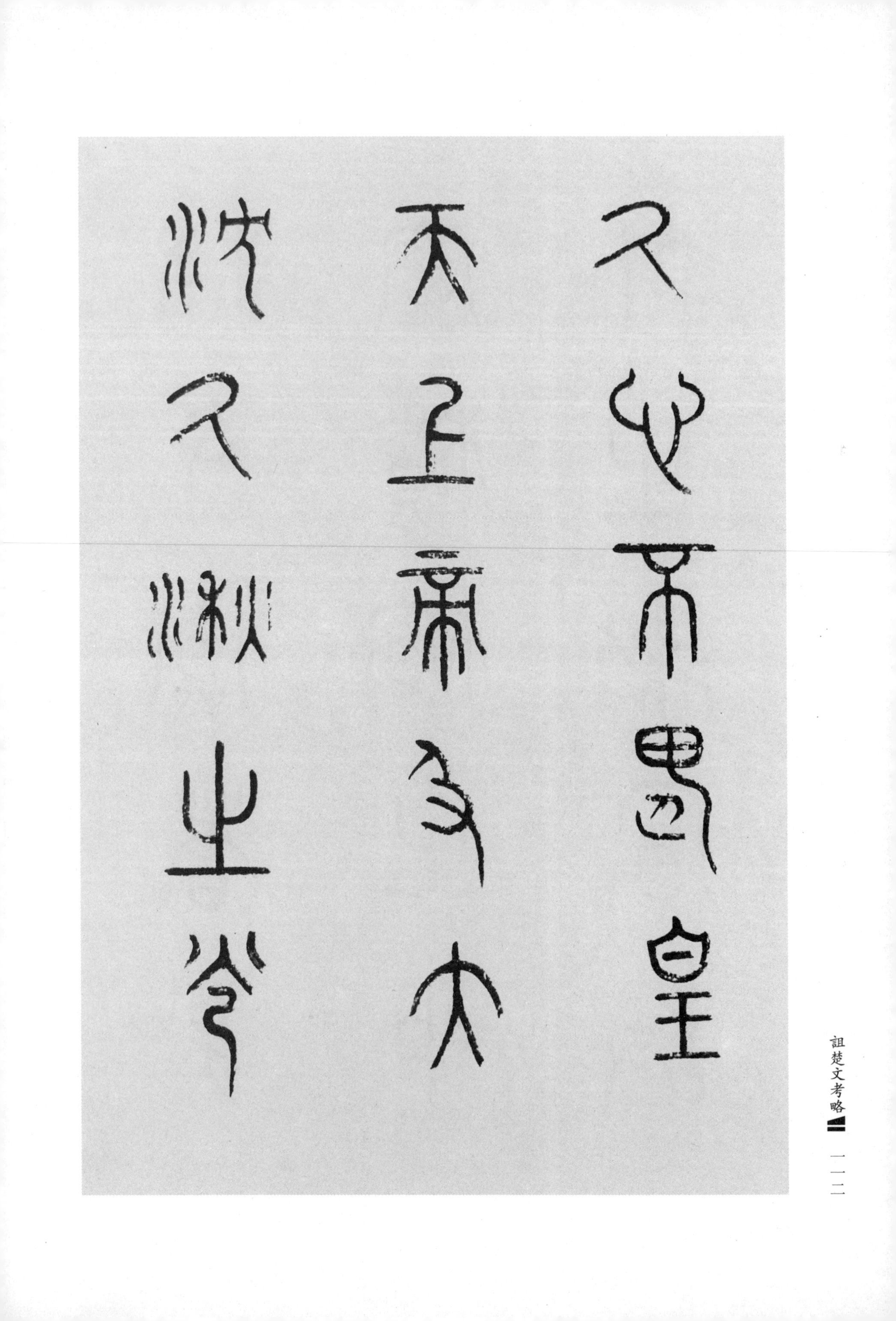

烈威神而兼
倍十八世之
詛盟率諸侯

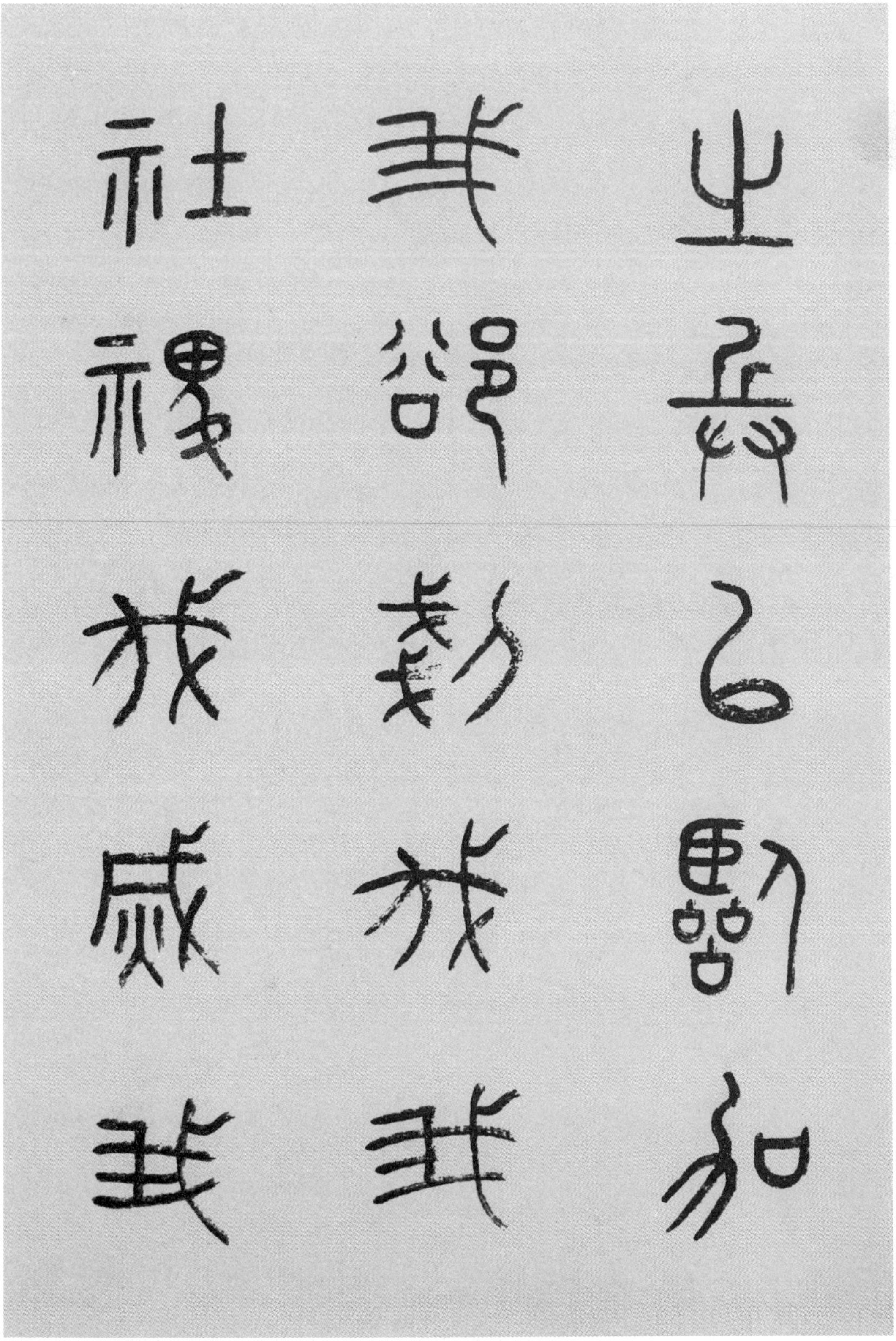

百姓求蔑灋
皇天上帝及
大沈厥湫之

長親吾不敢
曰可今又悉
興其眾張矜

意怒飾甲底

兵奮士盛師

以偪逜邊競

應受皇天上
帝及大沈久
湫之幾靈德

六　詛楚文問答

（一）詛楚文中有『張矜意怒』句，其中『張矜』二字透出了怎樣的時代背景？

『張』有張揚上舉的意思，『矜』即『矜』字，指矛或戈戟的把柄。『張矜』即高舉矛或戈戟的把柄。楚國向秦國進攻，爲何士兵不攜帶長矛戈戟，而衹高舉武器的把柄呢？

《漢書·徐樂傳》：『然起窮巷，奮棘矜。』顔師古注：『矜者，戟之把也。時秦銷兵器，故但有戟之把耳。』顔師古注一語道破天機。秦始皇統一全國後，爲了防止民衆反抗，采取了許多措施，其中重要的一條，就是銷毁民間的兵器。賈誼《過秦論》：『收天下之兵聚之咸陽，銷鋒鑄鐻，以爲金人十二，以弱黔首之民。』正因爲如此，秦末陳勝、吴廣大澤鄉起義，不得不『斬木爲兵』，楚國義軍也衹能『奮棘矜』。『張矜』二字無意間向人們透出了『秦末』這一特殊的時代背景。

（二）『率者侯之兵以臨加我』一句，當如何理解？

秦二世元年七月，陳勝、吴廣大澤鄉起義，陳勝自立爲王，國號『張楚』。群雄紛起回應，天下頓時大亂。武臣在邯鄲自立爲趙王，田儋起兵古齊境爲齊王，趙將韓廣稱燕王，古魏王子魏咎稱魏王。齊、楚、燕、趙復國。

秦二世二年正月，陳勝爲其車夫莊賈所殺，景駒繼稱張楚王。項梁在確定陳王已死後，復擊殺景駒。七月，實力强大的項梁召集各路諸侯到薛城議事，劉邦前往。會議名義上是共商擊秦大計，實際上項梁想藉此做楚王，意在號令各地。後來，項梁聽從了范增之言，改變主意，從民間尋訪到楚懷王的孫子熊心，立爲楚王，項梁自號武信君，并采納張良的建議，立韓公子爲韓王，以爲楚黨。

從上述情況看，『率者侯之兵以臨加我』句中的『率』，祇能是指項梁『率領』，當時祇有項梁有這個實力和威望。

薛城會議後，武信君項梁率兵進攻亢父，聞知齊國田榮被章邯圍困於東阿，便率兵相救，於東阿大破章邯秦軍。東阿之戰是章邯出關東進以來的第一次慘敗。接着，項梁派出項羽和劉邦爲前鋒進攻城陽，攻克後屠城。項羽和劉邦一鼓作氣，西進濮陽，在濮陽東擊破秦軍，秦軍退守濮陽。項羽、劉邦轉攻定陶，未下，西進雍丘，斬秦三川郡守李由。與其同時，項梁發兵東阿，後續跟進，於定陶城外大破秦軍。

項梁及其所屬義軍的節節勝利，使秦國上下十分震驚。於是，秦二世『悉起兵益章邯』，傾舉國之力以抗楚。爲了確保定陶決戰的勝利，秦國甚至不惜動用神的力量，告巫咸、厥湫、亞駝諸神以『克劑楚師』。

（三）巨鹿之戰對項羽來説有何意義？

秦二世二年七月，章邯以舉國增援之兵在定陶大敗楚軍，勁敵項梁自殺，扭轉了連敗的戰局。接着，章邯率兵渡過黄河，北上攻擊趙國的義軍。趙軍大敗，趙王歇、丞相張耳都退入巨鹿城内，章邯部將王離、涉間率大軍包圍了巨鹿。章邯率軍駐紮在巨鹿西南面的棘原，築起甬道，爲巨鹿秦軍運送糧草。章邯部屬二十萬人馬，圍困巨鹿，趙國危在旦夕。趙王多次向楚懷王共主下的各支義軍求援。

九月，楚懷王在彭城召開軍事會議，决定宋義爲上將、項羽爲次將、范增爲末將率楚軍北上救趙。

秦二世三年十一月，宋義率軍進至安陽（今山東省曹縣東），爲了保存實力，留四十六日不進。項羽怒，殺宋義，并派桓楚向楚懷王報告。楚懷王改任項羽爲上將軍，率兵繼續北進。

十二月，項羽令英布和蒲將軍率楚軍二萬人先頭部隊渡過漳河，切斷秦軍糧道，隨後項羽親率大軍渡河。渡過漳河後，項羽令楚軍破釜沉舟，祇攜帶三天乾糧，與秦軍决一死戰。

與定陶大戰不同，巨鹿之戰是秦强楚弱，所以秦國没有也没有必要『悉起兵益章邯』，章邯也認爲項梁既死，楚軍不足慮，思想輕敵。結果，經過多次交戰，最終楚軍大敗秦軍，秦將王離被俘，涉間自殺。王離覆滅後，秦二世多次派人責備困守棘原的章邯，章邯派長史司馬欣去咸陽陳述軍情，趙高避而不見。司馬欣走後，趙高派人追殺，未遂。司馬欣報告章邯説，趙高當朝，下面怎麽做都不是，打勝仗趙高嫉妒，打敗仗要丢腦袋，請將軍三思。其時，項羽部將陳餘亦寫信勸章邯投降。項羽率兵在污水（今河北省臨漳县南）又大破秦軍。秦二世三年七月，章邯降楚。

巨鹿戰前，項羽僅爲副將。殺宋義，擒王離，巨鹿一戰，徹底扭轉了戰場局面，項羽也迎來了其軍事生涯的第一個高峰。

（四）『楚王熊相』句中的『熊相』可否理解爲項羽？

不可以。因爲這裏的『楚王熊相』是相提并論，就是説楚王和熊相的地位是相當的。秦二世二年七月，項梁確知張楚王陳勝已死，於是在薛城召開會議。項梁本打算藉此自立爲楚王，經范增勸説後，改變了主意，從民間找到給人放羊的楚懷王之孫熊心，扶立爲王，項梁自稱武信君。當時，張良欲立韓成爲韓王，是在徵得項梁同意後纔辦成的。顯然，熊心是個外在的精神領袖，項梁是内裏的當家人，二者互爲『表裏』，共爲楚國的權力象徵。

項羽則不同。項梁活着時，項羽爲項梁侄子，輩分在下。定陶大戰後，項梁既死，楚懷王在彭城召開軍事會議，决定北上救趙，項羽被任命爲副將，是宋義（上將）之手下，也不具備與楚懷王熊心抗衡的地位。項羽殺宋義還是假借了楚王的命令。

巨鹿之戰的勝利，使項羽的影響力隨之增大。但是，巨鹿大戰後不久，章邯率軍投降，秦國大勢已去，即將崩潰，已不可能再有『克劑楚師』的念想，因而也就不會出現『以底楚王熊相之多辠』的史實了。

（五）詛楚文刻製會不會在周文兵臨戲地之時？

不會的。秦二世元年（公元前二〇九年）七月，陳勝、吳廣起義，部將周文率數十萬義軍西進，很快越過函谷關，進至戲地（今陝西省臨潼關）。秦二世大驚，深感危機，下令赦免驪山刑徒，發給武器，由少府章邯率領，抗擊周文義軍。周文大敗，率兵東撤。

周文兵至戲地之時，熊心還在民間牧羊，不可能成爲秦國詛咒的對象。熊心被項梁找回扶立爲楚懷王，那是次年（公元前二〇八年）的事情。

（六）詛楚文刻製會不會在巨鹿之戰前夕？

不會的。首先，從詛楚文所詛的對象來看。詛楚文所詛對象是『楚王熊相』，楚王指楚懷王熊心，熊相指熊氏後裔下相人項梁。在巨鹿大戰前的定陶之戰中項梁已死，這時不可能成爲詛咒對象。

其次，從巨鹿戰前的形勢看。巨鹿之戰前，在秦二世傾舉國兵力的支持下，章邯終於在定陶大敗楚軍，遏制了項梁楚軍連勝的勢頭，扭轉了戰場的局面。最重要的是項梁兵敗身亡，楚軍少了領軍人物，軍心大傷，士氣重挫。『懷王恐，從盱臺之彭城，并項羽、吕臣軍自將之。』（《史記·項羽本紀》）章邯『則以爲楚地兵不足憂，乃渡河擊趙，大破之。當此時，趙歇爲王，陳餘爲將，張耳爲相，皆走入巨鹿城。章邯令王離、涉間圍巨鹿，章邯軍其南，築甬道而輸之粟』（《史記·項羽本紀》）。在此形勢下，秦國還有必要告神以『克劑楚師』嗎？

顯然，詛楚文刻製不會在巨鹿之戰前夕。

（七）詛楚文中的『嗣王』會否指子嬰？

不會。秦二世三年八月，劉邦攻克武關，趙高懼秦二世問罪，詭稱有病，不能上朝，暗地與其婿咸陽令閻樂及弟郎中令趙成密謀，逼秦二世在望夷宮中自殺，去帝號，改稱王。九月，趙高令子嬰齋戒五日，準備受璽即王位。子嬰與其子借機殺了趙高。這説明子嬰没有受璽即王位。十月，劉邦率大軍進駐霸上（今陝西省西安市東南），秦都咸陽已成爲義軍的囊中之物，形勢已不是『偪俉邊競』，而是『兵臨城下』了，子嬰根本没有力量進行抵抗，大勢已去，子嬰衹能乘白車素馬，向義軍投降了。所以，『嗣王』不會指子嬰。

（八）《告亞駝文》是僞刻嗎？

郭沫若在《詛楚文考釋》一文中説：『關於亞駝文，我斷定他是宋人仿刻。以前有人懷疑三石都是贋品，其理由都很淺屑，無須辯駁。但告亞駝一文其爲僞刻，可無疑。』郭沫若斷定《告亞駝文》爲宋人仿刻的主要理由是四個馬字旁的寫法近隸，時間較晚。

文字有時代的深刻烙印，字體是年代的重要標識。鑒定一件文物，如果製作年代與文字年代不符，那麼會出現兩種可能，一是斷代錯誤，一是文物造假。郭沫若先生斷定『詛文之作實在懷王十七年　惠文王後元十三年的下半年』，即公元前三一二年的下半年，時當戰國中期。而《告亞駝文》中『駝』字的馬字旁，寫法近似隸書，寫法較晚。故郭沫若認爲《告亞駝文》是宋人仿刻，爲贋品。那麼，郭沫若的斷代是否可靠呢？如果『馬』字年代明晰，那麼郭沫若的斷代就可能出了問題。

『馬』字下部寫作五竪畫，在戰國中期尚未見到。《睡虎地秦墓竹簡》是戰國末期和秦始皇時期的作品，其中『馬』字下部已作方向不同的五短斜畫。《告亞駝文》中，『馬』字的下部在此基礎上進一步發展，斜畫拉長且部分筆畫已與主體脱離。漢代隸書中，爲了適應横式結體的需要，斜竪畫短縮爲并列而獨立的點畫。從『馬』字字形沿革來看，《告亞駝文》當是秦末時期的作品，這與詛楚文作於秦二世二年八月的斷代正相符合。

詛楚文以籀篆文字爲主體，兼取秦篆和簡書的寫法，這正是秦末用字的實情。李斯的嶧山刻石等作品，用字也是這樣。這足以證明詛楚文不會作於戰國時期。《告亞駝文》的真實性不容置疑。

(九) 楚之『多罪』是歷史事實嗎？

詛楚文中所詛『楚王熊相』之多項罪狀，并非『誣謾之語』，而是確有其事。『楚王熊相』，楚王是傀儡，熊相項梁纔是核心人物，而項梁的侄子項羽則是『多罪』的主要『肇事者』。

項羽對平民與降卒先後有多次駭人聽聞的大屠殺。第一次，屠襄城。襄城全城軍民，聞楚人復仇，拼死抵禦，使項羽軍多日不能下城。攻入城後，萬餘軍民全被趕下護城河，而後填磚石泥土徹底坑殺。這是項羽第一次，也是中國歷史上文獻記載的第一次坑殺全城平民的暴行。《史記·項羽本紀》記載了此事：『項梁前使項羽别攻襄城，襄城堅守不下。已拔，皆坑之。』此後大約兩個月，項梁派項羽與劉邦一起攻占城陽，再次屠之，殺光了幫助秦軍抵抗的全城平民。《史記·項羽本紀》亦有記載：『項梁使沛公及項羽别攻城陽，屠之。』

這兩次大屠殺皆發生在定陶大戰之前。詛楚文『虤虐不姑，刑戮孕婦，幽剌媇戚，拘圉其叔父，寘者冥室櫝棺之中』，實是對大屠殺的具體描述。

項羽的駭世暴虐，連楚懷王也心有餘悸。楚懷王曾對手下將軍説：『項羽爲人，剽悍猾賊！項羽嘗攻襄城，襄城無遺類，皆坑之！諸所過之處，無不殘滅！』楚懷王尚有如此評判，足見項羽的殘酷大屠殺，在當時已經惡名昭著了。後來，楚懷王不贊同項羽率兵西進，而由『寬大長者』劉邦進兵咸陽，大概這也是重要原因。

（十）『熊相』中的『熊』字是秦篆規範後的新出字嗎？

是的。小篆中『熊』字由『能』和火字底構成，這種寫法秦篆之前未見。甲金文中，『熊』字是個象形字，像灰熊站立張望的樣子。

熊氏是黄帝的後裔，有特殊的身份。商代甲骨卜辭中有許多『熊』字，都是做貞人的名字用。商周金文中，『熊』字多做亞官的名字用。這説明，商周時期熊氏家族地位很高，或爲貞卜的史官，或爲鑄造青銅器的亞官。周成王分封先王功臣時，封熊繹於荆楚，建立了楚國。春秋戰國時，秦楚争霸，兩國勢不兩立，經常發生激烈的戰争。公元前二二三年，楚國終被秦滅。

秦統一六國後，規範厘定了文字。大概出於敵愾，將甲金文中的『熊』字寫法滅掉，推出了『能』字下加一火字底的寫法，會意爲火燒熊掌熊肉。

楚國滅了，但楚人并没有真正認『熊』，在秦末農民起義的風暴中，『楚王熊相』復起，號令天下義軍，以風捲殘雲之勢，迅速推翻了秦王朝。

（十一）詛楚文年代的確立有何意義？

詛楚文年代的確立具有多方面的重要意義。一是史學意義。詛楚文年代的確立爲秦漢史研究增添了一份寶貴的史學資料。詛楚文内容對於深入瞭解秦末社會形勢以及楚王熊相的史實等會有極大的幫助。二是文字學意義。詛楚文三塊石刻的文字，是秦代末期文字使用情況的活化石。例如，《告厥湫文》中，『秦嗣王』句中的『秦』字，上爲覆弧畫，而『唯是秦邦』句中的『秦』字，上爲平横畫。『倍盟犯詛』句中的『盟』字，末筆作覆弧畫，而『以盟大神』句中的『盟』字，末筆作一平横畫。《告厥湫文》中，『用』字右上部有一短豎，而《告巫咸文》、《告亞駝文》中的『用』字則没有。《告厥湫文》中的『是』字，上部日字中横接兩邊，而

《告亞駝文》中則不接，等等。這説明，秦國文字改革後，文字使用尚未穩定，大小篆字雜用，異體字常見。三是書學意義。秦代國運短，傳世書法作品少。詛楚文年代的確立爲秦代書法研究特别是趙高的書法研究提供了新的有界標意義的作品。此外，詛楚文年代的確立對於文學、宗教學、考古學等多學科的建設也有重要的意義。

（十二）詛楚文是趙高書法的代表作嗎？

秦二世二年（公元前二〇八年）八月，秦國國内政局動蕩加劇，趙高把右丞相馮去疾、大將馮劫除掉後，又把左丞相李斯腰斬於市。而此時，前方戰場，楚國項梁率兵大破章邯統領的秦軍主力，鋒芒直指定陶。定陶之戰，秦敗則國亡，形勢極爲嚴峻。於是，剛剛奪得丞相權位的趙高不得不以舉國之力增援章邯。同時，一一告神詛楚，匆忙著諸石章。

在這種倉皇的心態下，趙高書寫的詛楚文，書法自然不會精到，不可能發揮出正常水準。詛楚文是目前爲止趙高惟一的傳世書法作品，但還不能説是趙高的代表作品。

（十三）怎樣理解『倍十八世之詛盟』？

『倍十八世之詛盟』是一個動賓結構，謂語『倍』，賓語『（詛）盟』。『倍』『（詛）盟』是主幹成分，『十八世』是附加成分。全句强調的是（楚懷王熊心）背叛了詛盟。

詛盟是誰訂立的呢？是『昔我先君穆公及楚成王』。有多長時間了呢？屈指算來是『十八世』。這『十八世』，秦國是怎樣計算出來的呢？當時，雖然楚國已復國，熊心被項梁立爲楚國的國王，但時間已有斷層，無法連續計算。不過，熊心不是襲用其先祖熊槐的謚號『楚懷王』來籠絡人心嗎？那就從其先祖楚懷王熊槐算起。從楚懷王熊槐到楚成王整整十八世。

『倍十八世之詛盟』意即楚懷王熊心背叛了（其先祖楚懷王熊槐上溯十八世時楚成王與秦穆公訂立的）詛盟。

（十四）有學者認爲今之詛楚文拓本均非來自原石，是這樣嗎？

作出這種論斷的學者，其依據有二：一是認爲詛楚文是公元前三一二年即楚懷王十七年的作品；二是認爲秦在統一之前慣用籀文，籀文『婚』字不作此（詛楚文）寫法。

這種論斷是不可靠的，問題就出在詛楚文年代的前提認定上。詛楚文是公元前三一二年即楚懷王十七年的作品嗎？詛楚文三石中，『婚』字均爲從女昏聲的形聲字。在秦統一之前的籀篆文字中，『婚』字不這樣寫，秦小篆厘定後方如此。詛楚文中出現小篆的字形，不正說明詛楚文是秦統一之後的作品嗎？

詛楚文爲秦二世二年的作品，拓片中出現小篆纔有的『婚』字，理當如此。拓片來自原石，不可貿然否定。

（十五）怎樣看待戰國楚器楚王自稱『酓』的問題？

楚人自稱其氏爲『酓』而不爲『熊』，這已爲出土楚器所證明。如楚王酓章鐘即爲楚惠王熊章之器，楚王酓肯鼎即爲考烈王熊元之器，楚王酓忓鼎即爲楚幽王熊悍之器等。詛楚文中『楚王熊相』一語，楚王指楚軍精神領袖懷王心，是秦國對楚後懷王的『他稱』。熊相指熊氏後裔項梁，『熊相』實是秦國對楚軍主帥項梁的不敬稱呼。楚器楚王自稱『酓』與詛楚文『楚王熊相』他稱并不抵牾。

（十六）怎樣理解詛楚文中的『邊城』、『邊境』等詞語？

秦朝，函谷關爲關中平原的東大門，函谷關以西的關内爲京畿之腹地，以東被視爲不發達的邊遠地區。三川郡所屬的鄔邑等地及定陶均在函谷關以東，自然被稱爲『邊城』、『邊境』之地了。

附録

一　歐陽修《秦祀巫咸神文》

右《秦祀巫咸神文》，今流俗謂之《詛楚文》。其言首述秦穆公與楚成王事，遂及楚王熊相之罪。按司馬遷《史記·世家》，自成王以後，王名有熊良夫、熊商、熊槐、熊元，而無熊相。據文言，穆公與成王盟好，而後云倍十八世之詛盟。今以《世家》考之，自成王十八世爲頃襄王，而頃襄王名横，不名熊相。又以《秦本紀》與《世家》參較，自楚平王娶婦於秦昭王，時吴伐楚而秦救之。其後歷楚惠、簡、聲、悼、肅五王，皆寂不與秦相接，而宣王熊良夫時，秦始侵楚。至楚懷王熊槐、頃襄王熊横，當秦惠文王及昭襄王時，秦、楚屢相攻伐。則此文所載，非懷王則頃襄王也，而名皆不同。又以十八世數之，則當是頃襄。然則相之名理不宜繆，但《史記》或失之耳，疑『相』傳寫爲『横』也。

二　蘇軾《詛楚文》詩

碑獲於開元寺土下，今在太守便廳。秦穆公葬於雍槖泉祈年觀下，今墓在開元寺之東南數十步，則寺豈祈年之故基耶？淮南王遷於蜀，至雍，道病卒，則雍非長安，此乃古雍也。

峥嶸開元寺，仿佛祈年觀。
舊築掃成空，古碑埋不爛。
詛書雖可讀，字法嗟久换。

詞云秦嗣王，敢使祝用瓚。
先君穆公世，與楚約相捍。
質之於巫咸，萬葉期不叛。
今其後嗣王，乃敢構多難。
刳胎殺無罪，親族遭圂絆。
計其所稱訴，何啻桀紂亂。
吾聞古秦俗，面詐背不汗。
豈惟公子卭，社鬼亦遭謾。
遼哉千載後，發我一笑粲。

三　成語典故

（一）指鹿爲馬。指着鹿，説是馬。比喻故意顛倒黑白，混淆是非。語出《史記·秦始皇本紀》：『趙高欲爲亂，恐群臣不聽，乃先設驗，持鹿獻於二世，曰：「馬也。」二世笑曰：「丞相誤邪？謂鹿爲馬。」問左右，左右或默，或言馬以阿順趙高。或言鹿，高因陰中諸言鹿者以法。後群臣皆畏高。』

大意是説秦二世三年時，趙高欲篡奪皇位，擔心朝中大臣不聽擺布，於是預作試驗，牽來一頭鹿，對秦二世説這是一匹馬。秦二世笑着説丞相是不是搞錯了？你把鹿當馬了！問其他大臣，有的不吱聲，有的説是馬，以阿諛趙高。有的説是鹿，結果暗中被趙高治罪。後來群臣都畏懼趙高。

（二）**揭竿而起**。也稱揭竿爲旗。揭，高舉；竿，指插旗幟的竹竿。高舉旗幟而起事，指人民起義。語出漢代賈誼《過秦論》：『將數百之衆，轉而攻秦，斬木爲兵，揭竿爲旗。』

公元前二〇九年，秦朝的地方官派了兩名尉官押送九百名民工到漁陽（今北京市密雲縣西南）去戍守。他們每天都急着趕路，怕誤了日期。因爲秦二世的法令比秦始皇更嚴酷，誤了期限，就要被殺頭。這些人走到大澤鄉（今安徽省宿州市南）時，趕上連日大雨，路被淹没，無法通行，他們衹好停下等待。眼看着時間一天天過去了，民工中有一個叫陳勝的，他和他的朋友吴廣偷偷商量：『這裏離漁陽有幾千里遠，怎麽走也趕不上期限了，難道我們白白去送死嗎？』吴廣説：『咱們逃跑吧。』陳勝説：『不行，逃走被抓回來也是死，反正都是死，不如起來造反，就是死了也比白送死强。』於是陳勝把大家召集起來説：『男子漢不能白白去送死，死要死出個名堂。王侯將相，難道是命中注定的嗎？』經過動員，大家齊聲贊成，一致推選陳勝、吴廣爲首領，正式宣布起義，九百人一下子把大澤鄉占領了，附近的農民聽到消息紛紛響應。因爲秦始皇時收繳了天下的兵器，農民們没有武器，他們就砍木棒做刀槍，削了竹子做旗竿，隊伍很快壯大起來。這支起義軍打到陳縣（今河南省淮陽）時，陳勝被擁戴爲『王』，國號爲『張楚』。

（三）**破釜沉舟**。釜，鍋。把飯鍋打碎，把渡船鑿沉。形容做事的决心很大，不留退路，不顧一切地幹到底。典故出自《史記·項羽本紀》：『項羽乃悉引兵渡河，皆沉船，破釜甑，燒廬舍，持三日糧，以示士卒必死，無一還心。』大意是説項羽率領全部大軍渡河。渡河後，項羽命令全軍把渡船都鑿沉，把飯鍋全打破，燒掉行軍帳篷，持三日乾糧，以示誓死一戰，無生還之心。

公元前二〇九年，爆發了陳勝、吴廣領導的農民起義。陳勝、吴廣犧牲後，劉邦和項羽率領的兩支軍隊逐漸壯大起來。公元前二〇七年，項羽的起義軍與秦將章邯率領的秦軍主力部隊在巨鹿（今河北省邢臺市）展開大戰。項羽不畏強敵，引兵渡漳水（由巨鹿東北流向東南的一條河）。渡河後，項羽命令全軍破釜沉舟，誓死決戰。結果楚軍以少勝多，大破秦軍，項羽從此威震諸侯。

（四）壁上觀。壁，營壘。指在自己的營壘上坐觀成敗不插手。典故出自《史記·項羽本紀》：『當是時，楚兵冠諸侯。諸侯軍救巨鹿下者十餘壁，莫敢縱兵。及楚擊秦，諸將皆坐壁上觀。』大意是説當時楚國軍隊在諸侯中最強大。諸侯軍隊在巨鹿城下駐紮營壘十多處，但没有敢出戰的。當楚軍攻打秦軍時，諸侯國的軍隊在自己的營壘上坐觀成敗。

四　秦末農民起義形勢圖（選自張傳璽、杨濟安編《中國古代史教學參考地圖集》，北京大學出版社一九八四年版）

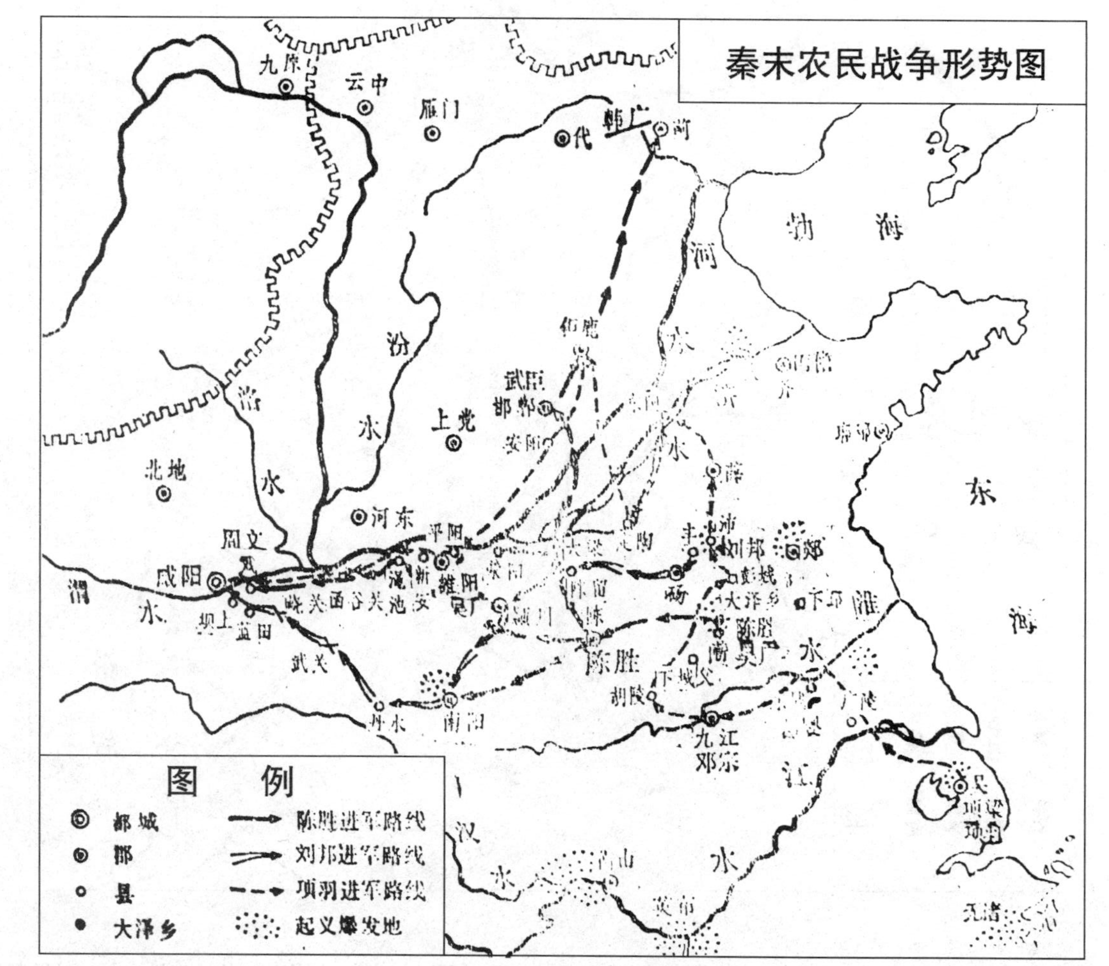

五　秦代疆域圖（選自張傳璽、楊濟安編《中國古代史教學參考地圖集》，北京大學出版社一九八四年版）

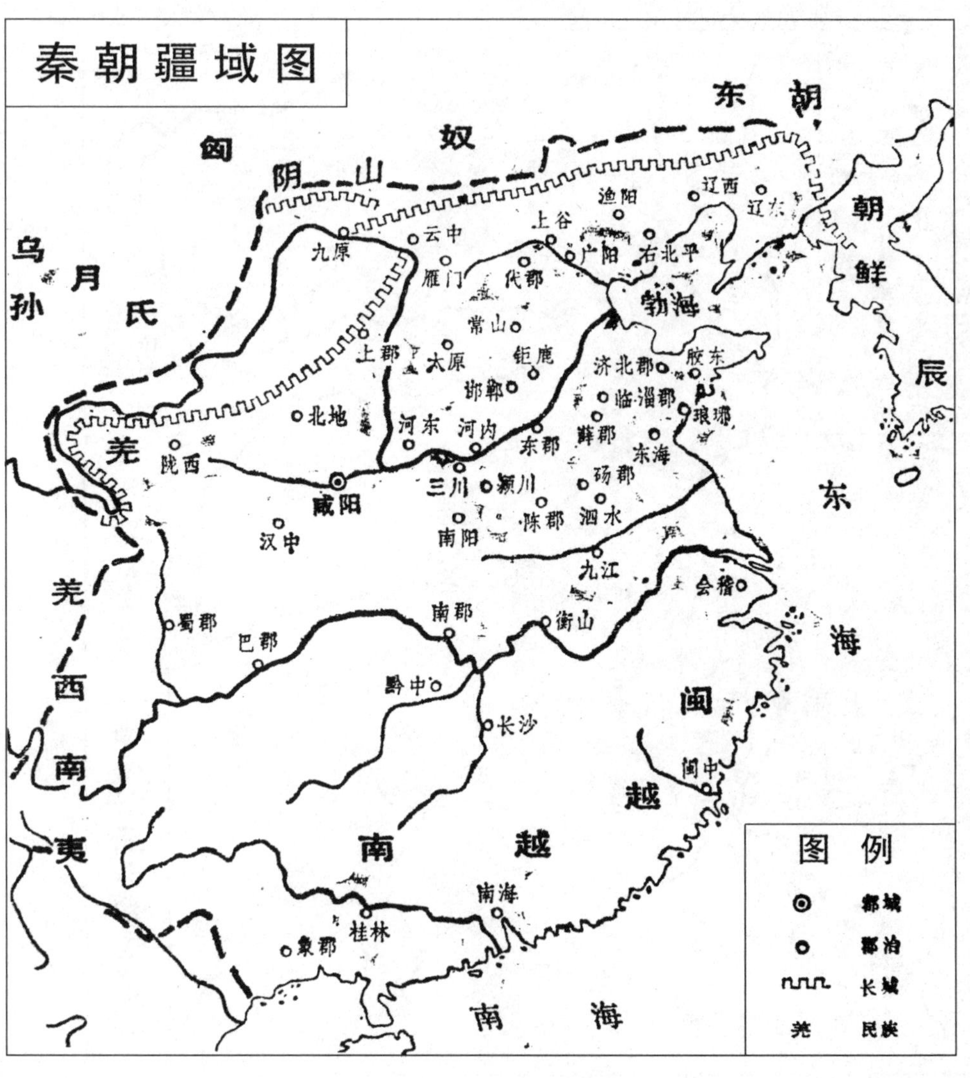

後記

中國先秦史中，有兩組著名的石刻，一組是石鼓文十塊石刻，再一組就是告厥湫、告巫咸、告亞駝三塊詛楚文石刻。兩組石刻都是中國文化史上的瑰寶，一直爲學界所關注。

二〇〇六年，拙著《石鼓文解讀》一書出版，書中提出石鼓文作於公元前五二五年（周景王二十年），爲東周王刻石新説。最近，在撰寫《籀篆字形沿革》一書時，我發現詛楚文三塊石刻中，有一些秦統一六國後整理的字形，由此思忖詛楚文石刻或是秦代的作品。進而譯讀詛楚文辭，查閲有關史料，石刻年代漸漸由朦朧至清晰，最終明確認識：詛楚文作於秦二世二年（公元前二〇八年）八月。庚寅之夏，《詛楚文考略》稿本初成，體例一如《石鼓文解讀》，遂結姊妹之篇。兩組石刻，一周一秦。二篆字體，典型并存。

蕭然移日，薦筆削焉。付梓在即，已荷國際歐亞科學院院士李學勤導師多次審稿，質問疑義，咸中肯綮。中國書法家協會主席張海先生和香港中文大學九秩高齡的著名國際漢學家饒宗頤先生先後馨墨題簽。九三學社中央研究室主任、北京大學歷史系博士生導師岳慶平教授撥冗作序。無可設辭，銘泐隆情。

王美盛

二〇一一年冬於黄城松園

圖書在版編目（CIP）數據

詛楚文考略／王美盛著. —濟南：齊魯書社，2011.12
ISBN 978 –7 –5333 –2569 –5

Ⅰ.①詛…　Ⅱ.①王…　Ⅲ.①石刻文—研究—中國—先秦時代　Ⅳ.①K877.404

中國版本圖書館 CIP 數據核字(2011)第 277700 號

詛楚文考略

王美盛　著

出版發行　齊魯書社
社　　址　濟南市英雄山路 189 號
郵　　編　250002
網　　址　www.qlss.com.cn
電子郵箱　qlss@sdpress.com.cn
印　　刷　山東新華印刷廠
開　　本　787mm×1092mm　1/16
印　　張　9.5
插　　頁　2
字　　數　140 千
版　　次　2011 年 12 月第 1 版
印　　次　2011 年 12 月第 1 次印刷
標準書號　ISBN 978 –7 –5333 –2569 –5
定　　價　48.00 圓